Processo Especial
de Revitalização

Processo Especial de Revitalização

O EFEITO DE *STANDSTILL*

2016

Soraia Filipa Pereira Cardoso

PROCESSO ESPECIAL DE REVITALIZAÇÃO
AUTORA
Soraia Filipa Pereira Cardoso
EDITOR
EDIÇÕES ALMEDINA, S.A.
Rua Fernandes Tomás, nºs 76, 78 e 80
3000-167 Coimbra
Tel.: 239 851 904 · Fax: 239 851 901
www.almedina.net · editora@almedina.net
DESIGN DE CAPA
FBA.
PRÉ-IMPRESSÃO
EDIÇÕES ALMEDINA, S.A.
IMPRESSÃO E ACABAMENTO
DPS - DIGITAL PRINTING SERVICES, LDA

2016
DEPÓSITO LEGAL
408375/16

Os dados e as opiniões inseridos na presente publicação são da exclusiva responsabilidade do(s) seu(s) autor(es).
Toda a reprodução desta obra, por fotocópia ou outro qualquer processo, sem prévia autorização escrita do Editor, é ilícita e passível de procedimento judicial contra o infrator.

 | GRUPOALMEDINA

Biblioteca Nacional de Portugal – Catalogação na Publicação

CARDOSO, Soraia Filipa Pereira

Processo especial de revitalização : o efeito
de Standstill. - (Idéias jurídicas)
ISBN 978-972-40-6405-5

CDU 347

A good modern insolvency law should provide the means for the preservation of viable comercial enterprises capable of making a useful contribution to the economic life of the country.

> Report of the Review Committee
> on Insolvency Law and Pratice, 1982.

AGRADECIMENTOS

Queria deixar aqui algumas palavras de reconhecimento a todos os que contribuíram para a realização de mais uma etapa da minha vida académica.

À Professora Doutora Margarida Lima Rego pela incomparável disponibilidade demonstrada para orientar este trabalho. Acima de tudo agradeço a incansável orientação científica, a revisão crítica do texto, os profícuos comentários, a partilha do saber e as valiosas contribuições para o trabalho.

Ao Dr. Rui Ricardo Gouvêa Pinto, supervisor interno do estágio, um agradecimento especial pelo convite para o estágio na Direção de Assuntos Jurídicos, pela preciosa ajuda na definição do objeto de estudo, pela exigência de método e rigor e pelo valioso acompanhamento em todas as fases deste trabalho, sendo o seu contributo para este trabalho inestimável. Além do agradecimento académico, expresso a minha gratidão pela confiança, dedicação e amizade.

A toda a equipa da Direção de Assuntos Jurídicos pela forma como me acolheram e me auxiliaram durante toda esta fase.

Ao Guilherme Vasconcelos Vilaça pela disponibilidade manifestada e pelos impagáveis comentários.

A todos os meus amigos, com especial apreço pelas minhas colegas de Mestrado pela prestimosa colaboração, amizade e espírito de entreajuda.

Ao meu querido Filipe, pela inesgotável paciência e amor com que me prima diariamente.

Por último, não poderia deixar de agradecer aos meus pais pelo seu amor incondicional e exigente, por todo o apoio financeiro e emocional que me deram e por nunca deixarem de acreditar em mim. Agradeço, ainda, à minha família pelas "atenções" com que me distinguem sempre e em todas as ocasiões.

A todos, reitero o meu agradecimento e eterna gratidão.

MODO DE CITAR E OUTRAS CONVENÇÕES

I. Os preceitos desacompanhados da respetiva referência legal respeitam ao Código da Insolvência e da Recuperação de Empresas, salvo se do contexto resultar o contrário.
II. Nas notas de rodapé, as monografias são citadas de modo abreviado, razão pela qual, e regra geral, apenas se faz referência ao autor, ao título de forma reduzida e à(s) página(s) respetivas da obra. As referências completas constam na bibliografia com os demais elementos de identificação.
III. Os artigos ou partes de livro são, também, citados de modo abreviado, fazendo referência apenas ao autor, título do artigo ou parte do livro de forma reduzida e página. A referência completa à revista ou livro, número, edição e ano constam da bibliografia.
IV. Os Acórdãos mencionam-se, ao longo do texto, de forma sucinta, referindo-se apenas o tribunal

e a data. O local da sua publicação, o relator e o número do processo judicial respetivo são referidos na lista de jurisprudência. Os Acórdãos citados que não contêm o número de página respetivo foram consultados via Internet na base de dados (www.dgsi.pt).

V. As abreviaturas estão identificadas por ordem alfabética na Lista de Abreviaturas que se segue.

VI. As notas de rodapé pretendem convidar o leitor a um diálogo que fica para além do texto, nomeadamente para aprofundar temas e sustentar afirmações.

VII. Expressões em latim ou em língua estrangeira serão apresentadas em itálico.

LISTA DE ABREVIATURAS, SIGLAS E ACRÓNIMOS

Ac.	Acórdão
Al./als.	Alínea/alíneas
AJP	Administrador Judicial Provisório
Art./art.^{os}	Artigo/artigos
BMJ	Boletim do Ministério da Justiça
CC	Código Civil
CEJ	Centro de Estudos Judiciários
CCom	Código Comercial
Cfr.	Conferir/confrontar
CGD	Caixa Geral de Depósitos
CIRE	Código da Insolvência e da Recuperação de Empresas
CPC	Código Processual Civil
CPEREF	Código dos Processos Especiais de Recuperação de Empresa e da Falência
CPTA	Código de Processo nos Tribunais Administrativos
CRP	Constituição da República Portuguesa
CSC	Código das Sociedades Comerciais
DAJ	Direção de Assuntos Jurídicos
DL	Decreto-Lei
Ed.	Edição

FDUNL	Faculdade de Direito da Universidade Nova de Lisboa
InsO	*Insolvenzordnung*
LULL	Lei Uniforme relativa à Letra e à Livrança
N.º/nºˢ	Número/números
P./pp.	Página/páginas
PEC	Processo Extrajudicial de Conciliação
PER	Processo Especial de Revitalização
Proc.	Processo
RCM	Resolução de Conselho de Ministros
RD	*Real Decreto-Ley*
RDCP	*Revista de Derecho Concursal y Paraconcursal*
Reg.	Regulamento
ROA	Revista da Ordem dos Advogados
SIREVE	Sistema de Recuperação de Empresas por via Extrajudicial
SS	Seguintes
STJ	Supremo Tribunal de Justiça
TRC	Tribunal da Relação de Coimbra
TRE	Tribunal da Relação de Évora
TRG	Tribunal da Relação de Guimarães
TRL	Tribunal da Relação de Lisboa
TROIKA	Equipa constituída por responsáveis da Comissão Europeia, Banco Central Europeu e Fundo Monetário Internacional que negociaram as condições de resgate financeiro em Portugal, que decorreu de abril de 2011 a maio de 2014.
TRP	Tribunal da Relação do Porto
UAJ	Unidade de Assessoria Jurídica da Direção de Assuntos Jurídicos da Caixa Geral de Depósitos
US Code	*United States Code*
V.g.	*Verbi gratia* – por exemplo
Vol.	Volume

RESUMO

O presente relatório visa apresentar o estágio curricular desenvolvido no âmbito do Mestrado em Ciências Jurídicas Empresariais na Direção de Assuntos Jurídicos da Caixa Geral de Depósitos S.A.. Foram desenvolvidas atividades nas áreas do Direito Bancário, com enfoque no Processo Especial de Revitalização, que tiveram como objetivo a promoção da construção de um estudo que além da pesquisa doutrinal e jurisprudencial subjacente prima pela adequação prática do regime estudado.

A eficácia do Processo Especial de Revitalização alicerça-se, em grande parte, no artigo 17º-E, n.º1, que estabelece uma série de efeitos processuais que visam conceder ao devedor um *"breathing space"*, ou seja, um período durante o qual os credores estão impedidos de instaurar *"ações para cobrança de dívidas"* contra aquele, suspendendo-se as ações pendentes com idêntica finalidade.

Deste modo, o presente relatório passa, essencialmente, pelo estudo destes efeitos, considerando-se *"ações para cobrança de dívidas"* as ações executivas que se destinam à cobrança de uma dívida de qualquer natureza, incluindo-se os procedimentos cautelares antecipatórios de uma ação desta natureza.

Para além disto, há-que delimitar temporalmente e subjetivamente o período de *standstill*, entendendo que tal período se deve estender para além do período legalmente estabelecido para salvaguardar a *ratio* do processo, mais precisamente, até à produção de efeitos do plano de recuperação.

Por seu turno, deve ser entendido que os efeitos *standstill* apenas se aplicam à relação material estabelecida com o devedor.

Palavras-chave: Processo Especial de Revitalização, ações para cobrança de dívida, *standstill*.

ABSTRACT

The following report aims to present the internship developed under the Master in Legal Sciences Business in the Legal Affairs management of Caixa Geral de Depósitos S.A. Activities were developed in the field of Banking Law, focusing on the Special Revitalization Process. The aim of these activities was to promote the construction of a study that, apart from its doctrinal and jurisprudential research, also excels in the practical adequacy of the regime lectured.

The revitalizing effectiveness of the Special Revitalization Process is erected in the Article 17-E, n.º 1, which establishes a series of procedural – standstill effects – which aim to allow the debtor "breathing space", ie, a period during which creditors are prevented from setting up "actions for debt collection" against him, suspending the pending actions with identical purposes.

Therefore, this report essentially studies these effects, considering "actions in debt collection" executive actions that are intended to recover a debt of any kind, including anticipatory precautionary procedures of an action of this nature.

In addition, it is necessary to set boundaries temporally and subjectively to the standstill period, understanding that this period should be extended beyond the legally established period, in order to preserve the ratio of the process, concretely, until the recovery plan effects. In turn, we understand that the standstill effects only apply to the established material in connection with the debtor.

Keywords: Special Revitalization Process, standstill, debt colection actions.

INTRODUÇÃO

O Processo Especial de Revitalização marca uma mudança de paradigma no Direito da Insolvência português, ao consagrar o primado da recuperação em detrimento do primado da liquidação, tendo em vista a recuperação do tecido empresarial português.

O legislador traçou um regime híbrido, no qual é premiada a celeridade e a vontade do devedor e dos credores. Uma das principais inovações do processo é a concessão de um período de *standstill*, durante o qual os credores estão impedidos de instaurar *"ações para cobrança de dívidas"* contra o devedor, suspendendo-se as ações em curso com idêntica finalidade.

A imprecisão legal relativamente a muitos aspetos do processo tem sido alvo de críticas por parte da doutrina e da jurisprudência. Um dos aspetos mais controversos é a delimitação do conteúdo da expressão *"ações para cobrança de dívidas"* constante no art. 17º-E, n.º 1. A eficácia do PER está, em grande parte, alicerçada neste dispositivo normativo, assumindo, assim, a sua concretização uma importância ímpar.

Deste modo, com este estudo pretendemos compreender o verdadeiro alcance do período de *standstill* imposto por este novo processo, essencialmente sob a ótica bancária, em consequência da análise e resolução de soluções práticas na decorrência do estágio, discutindo as questões que se assumiram mais relevantes neste âmbito: a delimitação objetiva, temporal e subjetiva do período de *standstill*.

Sequência de exposição

O presente relatório encontra-se estruturado em cinco capítulos.

O primeiro ponto descreve, sucintamente, o início do estudo do PER com apreciações introdutórias sobre a evolução do direito falimentar português, com a subsequente tramitação do processo e com a análise dos efeitos substantivos e processuais, servindo como contextualização para o tema basilar do relatório.

O capítulo II corresponde ao maior capítulo deste relatório, tendo como ponto fulcral a delimitação do âmbito objetivo do efeito de *standstill* através da concretização do alcance da expressão *"ações para cobrança de dívidas"* explanado no art. 17º-E, n.º 1.

No capítulo seguinte explora-se a literatura respeitante à delimitação temporal deste período.

No capítulo IV procurámos abordar o alcance subjetivo do efeito de *standstill*.

Por último, o capítulo V é o da conclusão, onde se faz uma síntese do resultado da investigação, pretendendo dar o nosso contributo na enunciação de eventuais soluções para algumas deficiências do regime, procurando sempre, seguir o espírito do processo.

Capítulo I
O Processo Especial de Revitalização

1. Contexto histórico

De forma a contextualizar o tema central em estudo no presente relatório, afigura-se suficiente uma abordagem sintética ao enquadramento histórico do PER.[1]

Em termos ideológicos, o direito falimentar português pode ser caraterizado pela adoção intercalar de sistemas de falência-liquidação e falência-saneamento. O sistema de falência-liquidação, que tem como primórdios a liquidação do património do devedor para satisfação dos credores, consagrou-se com a

---

[1] Para um estudo mais detalhado da evolução do sistema falimentar português *vide* Luís Menezes Leitão, *Direito*...; Luís A. Carvalho Fernandes/ João Labareda, *Coletânea*...; Catarina Serra, *O Regime*...; *Falência*..., pp. 17-65 e pp. 279-281; António Menezes Cordeiro, *Introdução*..., pp. 465 e ss.

codificação do regime da falência no CCom de 1833, sendo posteriormente as matérias relativas à falência inseridas em 1939 no CPC, ainda sob a mesma perspetiva.[2]

Por sua vez, o sistema de falência-saneamento que pretende salvaguardar a economia, recuperando as empresas economicamente viáveis das mãos da insolvência, tem a sua consagração efetiva em 1993, com a aprovação do CPEREF no qual a recuperação teria como condições objetivas a viabilidade e a suscetibilidade de recuperação.[3] Deste modo, o CPEREF foi a primeira consagração do primado da recuperação no ordenamento jurídico português, ao afirmar a prevalência da recuperação sobre a falência.[4] No entanto, este regime revelou-se inoperante no alcance dos seus propósitos, destacando-se a referência a um esquema lento e pesado excessivamente protetor das empresas falidas.[5]

---

[2] Cfr. CATARINA SERRA, *O Regime...*, p. 19. O processo de falência consistia, quase exclusivamente, na liquidação do património do falido.

[3] O sistema de falência-saneamento começou a dar os primeiros sinais durante o processo de revisão de 1961 ao CPC com a previsão de meios preventivos da declaração da falência. Cfr. CATARINA SERRA, *O Novo...*, p. 18. O regime da falência passa a ter a missão principal de saneamento da economia e a tarefa fundamental de identificar os agentes económicos capazes e viáveis, que merecem ser apoiados.

[4] Cfr. JOSÉ OLIVEIRA DE ASCENSÃO, *Insolvência...*, p. 105.

[5] Cfr. CATARINA SERRA, *O Regime...*, p. 23. Na opinião de OLIVEIRA ASCENSÃO, *Insolvência:...*, p. 234, o "CPEREF manifestava o que chamávamos ternura, desvelo, carinho pelo falido."

Em 2004, com a implementação do CIRE,[6] muito influenciada pelos ideais espelhados na *InsO*, retornou-se à primazia pela satisfação dos credores.[7] Deste modo, a finalidade primordial do CIRE é a liquidação do património dos devedores, ficando a recuperação apenas como uma alternativa possível no processo de insolvência.[8]

Todavia, o contexto económico e financeiro pedia novas políticas focadas na recuperação ao invés da liquidação, tendo em conta que o processo de insolvência funciona muitas vezes como uma *"arma de destruição"*.[9] Como resposta, no quadro do programa de auxílio a Portugal assegurado pelo Banco Central Europeu, a Comissão Europeia e o Fundo Monetário Internacional, em 2012, foi assumido, entre outros, o compromisso de alterar o regime da insolvência.[10]

Neste seguimento foi aprovado, na RCM n.º 11/2012, o Programa Revitalizar correspondendo a uma iniciativa do Governo que visava dar uma resposta estratégica global à temática da revitalização do tecido

---

[6] Aprovado pelo DL n.º 53/2004 e sofrendo posteriormente diversas alterações.
[7] Sobre a influência da lei alemã (*InsO* de 5 de outubro de 1994) no CIRE *vide* CATARINA SERRA, *A Falência...*, p. 202 ss.
[8] LUÍS MANUEL TELES DE MENEZES LEITÃO, *Direito...*, p. 75
[9] Expressão retirada de A. RAPOSO SUBTIL/ MATOS ESTEVES/ MARIA JOSÉ ESTEVES / LUÍS M MARTINS, *Guia....*, p. 13. Os AUTORES utilizam tal expressão pois entendem que a possibilidade de recuperação da empresa e o pagamento dos créditos reclamados é muito reduzida no processo de insolvência.
[10] Cfr. compromisso do ponto 2.17.

empresarial em Portugal, deixando claro que a implementação do PER tem como objetivo promover a revitalização de empresas, assegurando a produção de riqueza e a manutenção de postos de trabalho.[11]

Neste contexto, o processo de insolvência passou a basear-se "na recuperação da empresa compreendida na massa insolvente, ou, quando tal não se afigure possível, na liquidação do património do devedor insolvente e a repartição do produto obtido pelos credores."[12] Assistimos, assim, a uma inversão da finalidade do CIRE.[13]

No decurso das supramencionadas políticas nasce, através de uma alteração ao CIRE preconizada pela

---

[11] A par do PER, no Programa Revitalizar destaca-se, pela sua importância, a aprovação do SIREVE.

[12] Cfr. art. 1º, n.º 1, do CIRE alterado pela Lei n.º 16/2012, de 20 de abril. Mais uma vez parece que o legislador português seguiu os passos da lei alemã: a 13 de dezembro de 2011 foi publicada uma lei relativa à reestruturação de empresas – *Gesetz zur weiteren Erleichterung der Sanierung von Unternehmen* – que se afasta do modelo de *creditor friendly* caraterizante do modelo tradicional germânico, aproximando-se do modelo norte-americano de *debtor-friendly*. Para mais desenvolvimentos *vide* MADALENA PERESTRELO OLIVEIRA, *O Processo...*, p. 713.

[13] Existem AUTORES que criticam a medida legislativa adotada pois acreditam que para uma mudança de paradigma do primado da liquidação para o primado da recuperação, não basta a introdução do regime do PER no CIRE. Devia ter o legislador introduzido alterações no CIRE conducentes ao primado de recuperação. Neste sentido, LUÍS M. MARTINS, *O Processo de Revitalização e a Finalidade...*; CATARINA SERRA, *Emendas...*, p. 117; ADELAIDE MENEZES LEITÃO, *Insolvência...*, p. 514; LUÍS MANUEL TELES DE MENEZES LEITÃO, *Código...*, pp. 46 e ss.

Lei n.º 16/2012, de 20 de abril,[14] o PER.[15] Segundo a Exposição dos Motivos da Proposta de Lei n.º 39/XII "o principal objetivo prosseguido por esta revisão passa por reorientar o Código da Insolvência e Recuperação de Empresas para a promoção da recuperação, privilegiando-se sempre que possível a manutenção do devedor no giro comercial, relegando-se para segundo plano a liquidação do seu património sempre que se mostre viável a sua recuperação."

2. Caraterísticas e finalidade

O PER, regulado nos art.os 17º-A a 17º-I do CIRE, assume-se como um processo autónomo ao processo de insolvência que visa propiciar a revitalização do devedor.

O PER é instituído sob a influência da prática norte-americana e europeia que vem a ser assumida com a adoção de instrumentos na ótica de *rescue culture* e *corporate rescue*, tendo como raciocínio subjacente a disponibilização dos meios adequados para

---

[14] Foi posteriormente alterado pelo art. 4º do DL n.º 26/2015, de 6 de fevereiro que alterou a redação do art. 17º-F, n.º 3.

[15] "O processo especial de revitalização visa, pois, a viabilização ou recuperação do devedor. Num CIRE cujo fim precípuo era a satisfação dos direitos dos credores, o aditamento introduzido pela referida Lei na sua sistemática traduz uma mitigação de tal finalidade e um retorno ou colagem à anterior legislação falimentar na qual se previam figuras tendentes à consecução de tais propósitos (recuperação de empresa)." (Ac. do TRP de 13-05-2013).

a preservação das empresas que sejam viáveis e que tenham capacidade de contribuir ativamente para o tecido económico do país.[16]

Este processo destina-se a permitir ao devedor que, comprovadamente, se encontre em situação económica difícil ou de insolvência meramente iminente, mas que ainda seja suscetível de recuperação, estabelecer negociações com os respetivos credores de modo a concluir com estes acordo conducente à sua revitalização.[17]

Deste modo, o PER é um processo voluntário,[18] consensual e pré-insolvencial.[19] A tramitação do processo é essencialmente marcada pela existência de prazos curtos e de diligências simplificadas, sendo a celeridade um dos trunfos do processo.

Os instrumentos híbridos, como o PER, gozam de uma junção de caraterísticas próprias dos instrumentos judiciais e dos instrumentos extrajudiciais.[20] O PER é eminentemente um processo extrajudicial que tem fases de "controlo" judicial como o despa-

---

[16] Cfr, CATARINA SERRA, *Entre...*, pp. 71-72; VANESA FINCH, *Corporate...*; ALICE BELCHER, *Corporate...*

[17] Art. 17º-A, n.º 1.

[18] Exceto se se admitir a existência de um dever de renegociação. No sentido da existência deste dever *vide* NUNO MANUEL PINTO OLIVEIRA, *Entre...*

[19] Cfr. CATARINA SERRA, *Regime...*, pp. 26-27 refere: "Como adiante se verá, este não se aplica, nos casos de insolvência atual. Parece, então, que as empresas insolventes não são suscetíveis de recuperação (não merecem ser recuperadas)."

[20] Cfr. CATARINA SERRA, *Entre...*, pp. 73-74.

cho de nomeação do AJP e a homologação do acordo de recuperação.

3. Tramitação

Para efeitos do presente estudo não é relevante a descrição exaustiva da tramitação do processo, sendo impreterível, contudo, apresentar um encadeamento, em traços gerais, do regime aplicável.

3.1. Legitimidade no recurso ao PER

3.1.1. Pressupostos objetivos

Em primeiro lugar, o legislador é claro na exclusão dos devedores que se encontrem em situação de insolvência atual, sendo o PER, como anteriormente referido, um processo pré-insolvencial.[21]

A situação económica difícil vem descrita no art. 17º-B como "o devedor que enfrentar dificuldade séria para cumprir pontualmente as suas obrigações, designadamente, por ter falta de liquidez ou por não conseguir obter crédito." O devedor não está impos-

---

[21] A Confederação Empresarial de Portugal critica a opção do legislador, referindo no seu parecer sobre a Proposta de Lei n.º 39\XII que procede à alteração do CIRE que "O PER (...) impede que as empresas economicamente viáveis não possam beneficiar de um mecanismo célere de recuperação só porque preenchem os requisitos de insolvência atual."

sibilitado de cumprir, apenas apresenta dificuldades sérias, como se se tratasse de um momento anterior à situação de insolvência iminente.

A situação de insolvência iminente é um critério de mais difícil aceção, pois o legislador não aclarou o seu significado na lei.[22] Neste âmbito, seguimos o entendimento de ANA PRATA\ JORGE MORAIS CARVALHO\ RUI SIMÕES,[23] que consideram como tal "a situação em que o devedor está prestes a encontrar-se impossibilitado de cumprir as suas obrigações ou o passivo está prestes a ser superior ao ativo, mas ainda seja possível a recuperação."[24/25]

---

[22] O legislador português não seguiu a mesma dinâmica do legislador alemão que definiu a situação de insolvência iminente no § 18, (2), da InsO: «*Der Schuldner droht zahlungsunfähig zu werden, wenn er voraussichtlich nicht in der Lage sein wird, die bestehenden Zahlungspflichten im Zeitpunkt der Fälligkeit zu erfüllen [...]*" (O devedor será considerado em situação de iminente incapacidade de pagamentos quando previsivelmente não irá estar na posição de cumprir no momento do vencimento as obrigações de pagamento existentes). O legislador espanhol também definiu este conceito na *Ley Conrcusal* espanhola, no seu artigo 2,3 como: «*que se encuentra en estado de insolvência inminente el devedor que prevea que no podrá cumplir regular y pontualmente sus obligaciones*». Para mais desenvolvimentos vide JUAN PABLO UCEDA, *La Insolvência...*

[23] ANA PRATA\ JORGE MORAIS CARVALHO E RUI SIMÕES, *Código...*, p. 54.

[24] O Ac. do TRL de 31-10-2013 entende que "a iminência se afere em função de circunstâncias que levam a admitir, com toda a probabilidade, a verificação da insuficiência do ativo para satisfazer o passivo, segundo um critério de normalidade"

[25] Ao contrário da situação de insolvência atual e da situação económica difícil, em que os devedores só podem seguir o processo de insolvência ou o PER respetivamente, o devedor que se encontre em

Para além dos anteditos requisitos, o devedor terá de, cumulativamente, ser suscetível de recuperação, ou seja, capaz de prosseguir a atividade económica com resultados previsivelmente positivos.

3.1.2. Pressupostos subjetivos

Quanto aos pressupostos subjetivos, o art. 17º-A, n.º 2, faz referência a "todo o devedor". Qual o real conteúdo desta expressão?

Na visão de parte da doutrina o PER aplica-se apenas a empresas. Invocam, como argumentos, o facto de a recuperação das pessoas singulares ser salvaguardada pelo plano de insolvência pois a sua situação patrimonial é estática, aplicando-se o PER exclusivamente a devedores empresários, já que a ideia de recuperabilidade surge sempre ligada a empresas. Acrescentam, ainda, o facto de as motivações expressas na proposta de Lei n.º 39/XII estarem relacionadas com o tecido económico e o facto de o SIREVE apenas se aplicar a empresas.[26]

Contudo, não podemos acompanhar o entendimento supracitado por não ter suporte legal. A expressão *"por todo o devedor"* (art. 17º-A, n.º 2) e *"o devedor (...) no caso de aquele ser uma pessoa coletiva"*

---

situação de insolvência iminente tem à sua disposição os dois mecanismos, tendo que fazer uma opção.

[26] Cfr. Luís CARVALHO FERNANDES E JOÃO LABAREDA Código..., pp. 142/143; PAULO OLAVO CUNHA, *Os Deveres...*, pp. 220 e ss. *Vide*, ainda na jurisprudência, o Ac. do TRP de 23-02-2015.

(art. 17º-D, n.º 11) parecem indicar que o conceito de devedor se estende aos sujeitos elencados no art. 2º.[27] Por outro lado, não se poderá atender a uma interpretação essencialmente literal e formalista, pela relevância dos sobreditos argumentos teleológicos e conjunturais.

Deste modo, dever-se-á traçar um conceito intermédio, defendendo que têm legitimidade para recorrer ao PER as pessoas singulares, as pessoas coletivas e os patrimónios autónomos que exerçam uma atividade económica, apesar de não ser necessariamente uma atividade lucrativa.[28] Em virtude de tal entendimento salvaguardamos os primórdios e pressupostos do sistema, que passam elementarmente pela ideia de recuperabilidade que está indubitavelmente interligada à atividade económica,[29] com assento na letra da lei quanto à admissibilidade de devedores singulares.

3.2. Início do processo

O PER inicia-se com a manifestação da vontade do devedor e de, pelo menos, um dos seus credores,

---

[27] Neste sentido, Luís M. Martins, *O Processo Especial de Revitalização Aplica-se...*; Maria do Rosário Epifânio, *O Processo...*, pp. 15-16; Catarina Serra, *O Regime...*, p. 176; Fátima Reis Silva, *Processo...*, p. 21.

[28] Neste sentido, Nuno Salazar Casanova/ David Sequeira Dinis, *O Processo...* pp. 13-14; Isabel Alexandre, *Efeitos...*, pp. 235-236.

[29] O elemento histórico assim o determina já que foi esta a delimitação subjetiva da legitimidade para recurso ao CPEREF, ao PEC e agora ao SIREVE.

independentemente da natureza ou do montante do seu crédito, de encetarem negociações conducentes à revitalização do devedor, através da aprovação de um plano de recuperação, por meio de declaração escrita. (art. 17º-C, n.º 1).[30/31]

O art. 17º-A, n.º 1, refere que o PER se destina ao devedor que "comprovadamente" se encontre em situação económica difícil ou em situação de insolvência meramente iminente. Assim, a questão que se coloca é a de saber se a declaração a que o art. 17º-C, n.º 1 faz referência é suficiente para comprovar o preenchimento dos sobreditos requisitos.

A possibilidade de análise preliminar da declaração pelo juiz é uma questão controversa entre a doutrina e a jurisprudência. Acompanhando o entendimento da doutrina maioritária[32] não cabe ao juiz apreciar se as condições declaradas pela devedora

---

[30] NUNO SALAZAR CASANOVA\DAVID DINIS, *O Processo...* p. 27, excecionam os credores de suprimentos, já que "os credores de suprimentos não podem requerer a insolvência do devedor, nos termos do artigo 245º, n.º 2 do CSC, pelo que – por maioria de razão – não podem dar início a um processo que se destine a evitá-la."

[31] Cfr. ANA PRATA\JORGE MORAIS CARVALHO\RUI SIMÕES, *Código...*, p. 56: "O processo de revitalização tem na sua base um contrato, celebrado entre o devedor e um ou mais credores."

[32] Cfr. FÁTIMA REIS SILVA, *Processo...*, pp. 19-20; NUNO SALAZAR CASANOVA e DAVID SEQUEIRA DINIS, *O Processo...*, p. 18; MADALENA PERESTRELO DE OLIVEIRA, *O Processo...*, p. 717. Na jurisprudência, o TRP (Ac. 15-11-12) e o TRG (Ac. 16-05-13) já se pronunciaram no sentido da inexistência de uma análise preliminar dos pressupostos substantivos pelo juiz.

correspondem à realidade. Isto, porque a lei confere um espaço de tempo muito curto para o juiz proferir o despacho inicial – o art. 17º-C, n.º 3, al. a) utiliza a expressão *de imediato*. Ademais, uma apreciação liminar do juiz seria um obstáculo ao início do processo, retirando a sua celeridade.

Contudo, entende-se que em casos notórios de utilização indevida do PER deve o juiz intervir, encerrando o processo. Por essa razão é que o art. 17º-E, n.º 2, utiliza a expressão "caso o juiz nomeie administrador judicial provisório", indiciando a existência de apreciação pelo juiz.[33] Porém, isto só ocorrerá em casos de clara utilização indevida do processo, não tendo o juiz de averiguar o preenchimento dos requisitos.[34]

Consideramos, deste modo, que o elemento literal terá de ser compatibilizado com a *ratio* do processo. A finalidade e a natureza do PER pressupõem a celeridade e flexibilidade de um processo, que sendo híbrido, apenas pretende um controlo jurisdicional que não atente contra os valores primordiais do processo que passam pela recuperação do devedor que poderá ser afetada pela morosidade do processo.

---

[33] No sentido de que existe apreciação liminar do juiz *vide* LUÍS M. MARTINS, *Recuperação...* p. 31-32. O AUTOR defende que o "imediato" não deve prejudicar o tempo necessário para o juiz aferir da necessidade de aperfeiçoamento.

[34] Defendendo a recorribilidade do despacho de admissão ao PER *vide* NUNO SALAZAR CASANOVA\DAVID SEQUEIRA DINIS, *O Processo...*, p. 41; FÁTIMA REIS SILVA, *Processo...* p. 33.

Todavia, afere-se que o entendimento sobredito poderá abrir portas a eventuais utilizações abusivas do PER, por devedores que apesar de não preencherem os pressupostos objetivos tencionem usufruir dos efeitos do processo, principalmente dos efeitos decorrentes do art. 17º-E, n.º 1 – efeitos *standstill* – que figuram um forte incentivo.

Assim, os devedores em situação de insolvência atual, por exemplo, não estão verdadeiramente excluídos do PER pois, como vimos anteriormente, a comprovação das condições económicas do devedor são feitas pelo próprio, sem a certificação de qualquer entidade independente. Deste modo, o PER acaba por se aplicar a devedores em situação de insolvência atual, sendo tal efeito potenciado pela inexistência, no regime legal, de consequências para a utilização indevida do PER.[35]

Entendemos que a eficácia e imagem do PER seriam melhoradas se o início do processo estivesse dependente de uma certificação por uma entidade independente, nomeadamente por Técnicos Oficiais de Contas, ou sempre que a lei o exigisse, por Revisores Oficiais de Contas, como, aliás, estava previsto no Anteprojeto do diploma que altera o CIRE, de 24 de novembro de 2011.[36]

---

[35] Vide MENEZES LEITÃO, *A Responsabilidade...*
[36] No ordenamento jurídico italiano (art. 182bis *Legge Fallimentare*) e no alemão (§ 270b *InsO*) é exigida a certificação por entidades independentes, nomeadamente advogados ou contabilistas.

3.3. Reclamação de Créditos e Período de negociação

O início efetivo do PER dá-se com o despacho a que se refere o art. 17º-C, n.º 3, al. a), no qual o juiz nomeia o administrador judicial provisório.[37]

Logo que seja notificado do despacho de nomeação do AJP o devedor convida os credores a participarem nas negociações em curso. Os credores têm 20 dias para reclamarem créditos. Findo o prazo para as reclamações, o AJP elabora, no prazo de cinco dias, uma lista provisória de créditos que se tornará definitiva caso não existam impugnações.[38] Porém, a lista provisória de créditos pode ser impugnada no prazo de cinco dias úteis dispondo, em seguida, o juiz de idêntico prazo para decidir sobre as impugnações formuladas (art. 17º-D, n.º 3).[39]

O efeito de *standstill*, objeto do presente estudo, ocorre durante a fase de negociações, que é temporalmente delimitada em dois meses, podendo ser

---

[37] Sobre o papel do AJP *vide* JORGE CALVETE, *O Papel...*, pp. 59-68;

[38] Parte da doutrina e jurisprudência tende a considerar que se deve aplicar analogicamente o art. 130º. Neste sentido, LUÍS M. MARTINS, *Recuperação...* p. 41. Segue este entendimento o TRL, no Ac. de 09-05-2013.

[39] A impugnação da lista provisória será estudada mais aprofundadamente no Capítulo II, ponto 1.2.1 – A Fase de Reclamação de Créditos Salvaguarda o Direito de Acesso ao Direito e à Tutela Jurisdicional Efetiva? – no decurso da discussão sobre a sujeição das ações declarativas como *"ações para cobrança de dívidas"*.

CAPÍTULO I – O PROCESSO ESPECIAL DE REVITALIZAÇÃO

prorrogada uma vez por um mês. (cfr. art. 17º-D, n.º 5).[40/41]

Durante as negociações os intervenientes devem atuar de acordo com os Princípios Orientadores[42] de Recuperação Extrajudicial de Devedores aprovados pela RCM n.º 43/2011, de 25 de outubro.[43/44]

"Estes princípios gerais consistem, no fundo, num conjunto de regras a serem seguidas pelas partes, se assim o entenderem, com o objetivo de potenciar o

---

[40] Trata-se, assim, de um prazo de caducidade. Neste sentido, o Ac. do TRC, de 21-10-2014. Por sua vez, o inovador Ac. do TRL de 09-12-2014 decidiu que este prazo não tinha natureza perentória: "Tendo sido alcançada a aprovação de um plano de revitalização, pela totalidade dos credores, justificado que foi o prolongamento das negociações, e tendo concorrido para o "atraso" na aprovação do plano de revitalização facto respeitante ao AJP, estranho, portanto, ao próprio processo, é contrário ao espírito da lei e aos objetivos do legislador permitir que, apenas, razões de ordem formal obstem à sua aceitação e, eventual, homologação."

[41] A contagem do prazo inicia-se, segundo o elemento literal do fim do prazo para as impugnações. Neste sentido, o Ac. do TRC de 26-02-2013 e o Ac. do TRP de 19-11-2013.

[42] São inspirados nos princípios instituídos no *Global Statement of Principles for Multi-Creditor Workouts – Insol Principles*, publicados em outubro de 2000.

[43] Cfr. MENEZES CORDEIRO, *O Princípio...*, p. 66, a RCM n.º 43/2011, corresponde à concretização da boa-fé, na dupla dimensão da tutela da confiança e da primazia da materialidade subjacente.

[44] Não se prevê qualquer consequência legal para o incumprimento do estipulado nos Princípios Orientadores. Contudo, deve-se reconhecer que o incumprimento destes pode valorar como causa de não homologação nos termos do artigo 215º. Neste sentido, FÁTIMA REIS SILVA, *Processo Especial de Revitalização: Questões Processuais...*, p. 75.

processo negocial iniciado tendo em vista a recuperação de uma empresa, contribuindo para o aumento do número de negociações concluídas com sucesso. Tratam-se, por isso, de princípios orientadores, de adesão voluntária".[45]

Advertimos, desde já, que o foco do presente estudo – efeito *standstill* – apenas se aplica ao PER negociação pois é durante o período negocial que os preditos efeitos se verificam, ficando o PER homologação presente no art. 17º-I excluído do objeto do presente estudo.[46]

3.4. Aprovação e homologação do plano[47]

O legislador distingue as situações em que o plano é aprovado por unanimidade, das situações em que tal não ocorre, propondo regimes diferentes.[48]

---

[45] Preâmbulo da RCM n.º 43/2011.

[46] Para esclarecimentos e desenvolvimentos sobre o PER homologação encaminhamos para os ensinamentos doutrinais de ANA PRATA/JORGE MORAIS CARVALHO/RUI SIMÕES, Código..., pp. 72-74; FÁTIMA REIS SILVA, Processo... pp. 77-80; MARIA DO ROSÁRIO EPIFÂNIO, O Processo..., pp. 91-94.

[47] Sobre este regime vide AMÉLIA SOFIA REBELO, A Aprovação..., pp. 69-90; ANA PRATA/JORGE MORAIS CARVALHO/RUI SIMÕES, Código..., pp. 66-68.

[48] Relativamente à votação do plano de recuperação o art. 17º-F, n.º 3, alterado pelo art. 4º do DL n.º 26/2015, de 6 de fevereiro, considerou que já não se aplica o disposto nos art.os 211º e 212º, criando um regime autónomo para o PER que não será descrito no presente relatório pela autonomia do tema em relação ao objeto em estudo.

Todavia, independentemente do regime que segue, o plano de recuperação terá de ser homologado para produzir efeitos, aplicando-se, com as necessárias adaptações, as regras vigentes em matéria de aprovação e homologação do plano de insolvência previstas no título IX, em especial o disposto nos art.os 215º – a não homologação oficiosa[49] – e 216º – não homologação a solicitação dos interessados.[50] Esta decisão do juiz vincula os credores, mesmo que não hajam participado nas negociações (art. 17º-F, n º 6).[51]

Os efeitos da não aprovação do plano de recuperação vêm regulados no art. 17º-G, devendo-se aplicar extensivamente a norma aos casos de não homologação do plano de recuperação.[52]

---

[49] Cfr Luís Manuel Teles de Menezes Leitão, Direito... 5ª Ed., p. 293, "violações consideradas menores, que não ponham em causa o interesse do devedor e dos credores afetados não constituirão causa suficiente para que o juiz possa recusar a homologação do plano."

[50] Cfr. Ana Prata\Jorge Morais Carvalho\Rui Simões, Código..., p. 68 "Quanto à recusa de homologação a solicitação dos interessados, trata-se de um corolário direito do princípio da *par conditio creditorum* que informa todo o CIRE." Comummente designado teste do melhor interesse do credor ou do sócio *(best interest of creditores/shareholders test)*. Neste sentido, Paulo de Tarso Domingues, O Processo..., pp. 28-29.

[51] Cfr. Ana Prata\Jorge Morais Carvalho\Rui Simões, Código..., p.68. Neste âmbito, Fátima Reis Silva, A Verificação..., p. 262, expressa que "nem os credores que não constam da lista deixam de ser credores ou de estar abrangidos pelo plano, nem a devedora fica desonerada de para com eles cumprir."

[52] Neste sentido, Maria Rosário Epifânio, Manual..., 5ª Ed, p. 281; Paulo de Tarso Domingues, O Processo..., p. 29. Em sentido contrário Rita Mota Soares, As Consequências..., pp. 92-95, que conclui que

3.5. Efeitos

O PER, norteado por uma *ratio* de revitalização do devedor em dificuldade, cria efeitos entre o devedor e os credores durante a fase negocial, com o intuito de reforçar as negociações entre estes para a aprovação de um acordo conducente à recuperação do devedor. Os efeitos referidos prendem-se apenas com os efeitos provenientes do despacho de nomeação do AJP.

3.5.1. Efeitos substantivos

O PER prossupõe que os negócios do devedor mantenham o seu normal *iter*.[53] A única limitação à livre administração do devedor é a exigência de autorização do AJP para a prática de atos de especial relevo, seguindo o disposto no art. 17º-E, n.º 2.

Segundo o postulado no artigo 17º-E, n.º 2, esta autorização deve ser requerida e concedida pela forma escrita. O AJP tem cinco dias para responder ao pedido do devedor, correspondendo a falta de res-

---

"a interpretação mais correta do objeto do artigo 17º-G restringe a norma às hipóteses de não aprovação do plano mas já não às de não homologação."

[53] Esta livre administração do devedor é uma das principais singularidades deste regime quando comparado com o processo de insolvência, no qual, a administração dos bens do devedor é encarregue ao administrador de insolvência. Assiste-se, assim, à manutenção do "*debtor in possession*" similarmente à adotada nos outros ordenamentos, designadamente no alemão, na *InsO*, § 270a (2).

posta a declaração de recusa da autorização para a realização do negócio pretendido.

O legislador remete para a qualificação de atos de especial relevo o art. 161º do CIRE, que, no seu n.º 2, esclarece que para qualificação de um ato como de especial relevo atende-se aos riscos envolvidos e às suas repercussões sobre a tramitação ulterior do processo, às perspetivas de satisfação dos credores da insolvência e à suscetibilidade de recuperação da empresa, apresentando no n.º 3 uma lista exemplificativa de atos que são considerados como de especial relevo.[54]

Tal facto implica que quando se trate de um ato fora da lista do art. 161º, n.º 3, o AJP terá que "analisar os atos a praticar numa perspetiva das repercussões que o ato vai ter sobre o procedimento, se o ato é suscetível de frustrar a satisfação dos credores e se o mesmo afeta negativamente ou coloca em causa a recuperação do devedor."[55]

Relativamente à consequência da prática de atos de especial relevo após a nomeação do AJP a doutrina divide-se entre a nulidade e a ineficácia do ato.

---

[54] MARIA ROSÁRIO EPIFÂNIO, *O Processo...*, pp. 35-36 considera infeliz esta remissão para os atos de especial relevo por se tratar de um conceito indeterminado e ser uma disposição pensada para o processo de insolvência, o que, "desprotege claramente os credores".

[55] LUÍS M. MARTINS, *Recuperação...* p. 54, refere ainda que nos casos em que o devedor seja uma empresa o AJP terá que avaliar na "perspetiva do impacto do ato na atividade económica e empresarial do devedor."

A nulidade do ato é sustentada pelo facto de ser um ato contrário à índole e ao espírito do PER, sendo por isso nulo nos termos gerais.[56] Apesar da validade do argumento em questão, o legislador pretendeu atribuir ineficácia aos atos praticados nestes termos segundo indica o elemento sistemático, aplicando-se o postulado no art. 81º, n.º 6. A aplicação desta norma parte da remissão do artigo 17º-C, n.º 3, al. a) para o art. 34º que, por sua vez, remete para o art. 86. Acrescenta-se, ainda, como argumento, a proteção dos interesses do devedor e dos credores já que apesar de ineficazes, os negócios são válidos, sendo a ineficácia suprível por ratificação posterior do administrador judicial provisório, permitindo que o negócio em causa se mantenha.[57]

3.5.2. Efeitos processuais

A produção dos efeitos processuais explanados no artigo 17º-E, n.º 1 e n.º 6 iniciam-se com o despacho de nomeação do AJP. Do art. 17º-E, n.º 6, resulta que os processos de insolvência em que anteriormente

---

[56] Neste sentido, LUÍS M. MARTINS, *Recuperação...* "pois sempre repugnam a índole e ao espírito do procedimento."

[57] Cfr. CARVALHO FERNANDES/JOÃO LABAREDA, *Código...*, pp. 167 e 168. Seguindo o parecer dos autores: "Com efeito, uma vez que o valor negativo do ato não autorizado é a respetiva ineficácia, deve entender-se, segundo o regime comum, que o vício é suprível por ratificação posterior de quem o poderia autorizar, no caso do administrador judicial provisório."; NUNO SALAZAR CASANOVA/ DAVID SEQUEIRA DINIS, *O Processo...*, p.114.

tenha sido requerida a insolvência do devedor suspendem-se na data de publicação do sobredito despacho, extinguindo-se com a aprovação e com a homologação do plano de recuperação.[58]

Ainda, em relação aos efeitos processuais, o art. 17º-E, n.º 1, propicia um período de *standstill* para o devedor em dificuldades, que, fundamentalmente, resulta num período durante o qual o direito de ação dos credores para cobrança dos seus créditos sobre o devedor em PER se encontra limitado.

Esta é uma das mais importantes inovações estabelecidas neste regime, sendo de enorme relevância o seu estudo que será feito num capítulo autónomo – capítulo II – visto ser este o tema central do presente relatório.

4. Direito Subsidiário

O PER, como já referido, vem regulado nos art.os 17º-A a 17º-I do CIRE, não tendo sido previsto, aquando as alterações ao CIRE que instituíram o PER, qual o regime subsidiariamente aplicável. Ao problema acresce a incompletude e deficiente sistematização das disposições para a compreensão de todo o regime que serão oportunamente referidas ao longo do presente estudo.

---

[58] Sobre os efeitos do PER nos processos de insolvência, *vide* FÁTIMA REIS SILVA, *Processo...*, pp. 54-55; ISABEL ALEXANDRE, *Efeitos...*, pp. 251-253.

Numa primeira perspetiva, a denominação do processo como especial e a sua inclusão no CIRE parecem indiciar a aplicação subsidiária das disposições relativas ao processo de insolvência ao PER. Porém, este entendimento não tem sido unânime na doutrina e era até afastado inicialmente pela jurisprudência,[59] o que também se entende, já que na realidade a finalidade e a natureza dos processos é inteiramente distinta.[60] Não obstante, verifica-se um aumento das decisões nas quais os tribunais aplicam as normas do processo de insolvência para resolver questões relacionadas com o PER.[61]

A finalidade do processo de insolvência prende-se com a satisfação dos direitos dos credores ao invés da revitalização do devedor preconizado pelo PER. Seguindo as palavras de MENEZES LEITÃO "esse processo constitui praticamente um excerto com um

---

[59] A jurisprudência decidiu pela não aplicabilidade das normas do processo de insolvência ao PER em relação à possibilidade de verificação ulterior de créditos prevista no CIRE, (Ac. do TRG de 02-05-2013) e em relação ao prazo para reclamação de créditos o Ac. do TRG de 14-02-2013.

[60] Alertando para este facto CATARINA SERRA, *Revitalização...* p. 94, refere que "Dada a diversidade (dos pressupostos e efeitos e, sobretudo, da natureza) de ambos os processos, a aplicação pode levantar várias dificuldades e obrigar a adaptações algo "acrobáticas", para garantir que as remissões fazem sentido ou para evitar que produzam resultados indesejáveis."

[61] Ac. do TRG de 1-10-2013, o Ac. do TRL de 13-05-2014 e o Ac. de 29-10-2013. do TRC.

ADN completamente distinto do que carateriza o CIRE."[62]

Assim, face à diferenciação do desígnio principal do PER e do processo de insolvência deverá adotar-se uma visão casuística, entendendo que apenas se aplicam as normas do processo de insolvência ao PER nos casos de compatibilização dos valores em causa, ou seja, quando a disposição subsidiária não afronte a natureza e finalidade do PER. Deste modo, não é defensável uma interpretação que aplique genericamente as disposições relativas ao processo de insolvência ao PER. Assim, há que antever alguma cautela, aplicando-se apenas nos casos em que a similaridade dos valores em causa indiciam a pretensa aplicação subsidiária da norma.[63]

Entendemos, assim, que apenas as normas gerais do CIRE devem ser subsidiariamente aplicáveis ao PER pela sua inserção sistemática. A aplicação subsidiária das restantes disposições do CIRE requer uma interpretação casuística para salvaguarda da *ratio* do PER, merecendo mais prudência. Em certos casos, aplicar-se-ão, ainda, as normas relativas ao CPC quando as normas do processo de insolvência

---

[62] *A Responsabilidade...*, p. 144.
[63] Cfr. FÁTIMA REIS SILVA, *A Verificação...*, p. 256, "Tal obriga-nos à indagação, quando nos deparamos com uma lacuna, de qual a filosofia e finalidade do instituto da revitalização e se, no caso concreto, tais finalidades e filosofia consentem a aplicação de regras subsidiárias, seja de primeira, seja de segunda linha, de acordo com os ditames do art. 9º do Código Civil."

não resolvam as questões em causa, pela subsidiariedade estabelecida no art. 17º.[64]

Não obstante, serão, ainda, subsidiariamente aplicáveis, as disposições do Código Civil e do Código Comercial.

---

[64] Segue este entendimento, apesar de não demonstrar tanta cautela quanto à aplicação subsidiária das normas relativas ao processo de insolvência, ISABEL ALEXANDRE, *Efeitos...*, p. 238. Na jurisprudência, *vide* o Ac. do TRC de 01-10-2013.

Capítulo II
O Efeito de *StandStill* – âmbito objetivo

Após a apresentação e contextualização basilares do regime do PER cumpre introduzir o tema elementar do presente estudo que, como referido em pontos anteriores, se prende com o estudo do efeito de *standstill*.[65]

A denominação deste efeito como *standstill*, que poderá ser traduzido como "efeito paralisador", é uma forma de expressar os efeitos decorrentes do art. 17º-E, n.º 1, sobre o direito de ação dos credores. Assim, este período corresponde à atribuição legal de um "período de graça" ao devedor para que este possa

---

[65] Este regime resulta da influência de vários ordenamentos, maioritariamente da *automatic stay* estabelecida no *Chapter 11, 12, e 13 do Title 11 do U.S. Code* e do regime alemão estabelecido no § 270b, (2), *InsO* introduzida pela lei relativa à reestruturação de empresas – *Gesetz zur weiteren Erleichterung der Sanierung von Unternehmen*. Veja-se, para um estudo aprofundado, GERARD MCCORMACK, *Corporate...*, pp. 19, 78-86.

negociar sem ser interrompido por *"ações de cobrança de dívidas"* que impediriam a sua recuperação.⁶⁶

Sem ingressar em grandes estudos de direito comparado, importa referir que a restrição dos direitos dos credores em defesa da revitalização do devedor parte da influência do regime norte-americano *debtor-friendly*, em detrimento do tradicional *creditor-friendly*.⁶⁷

Deste modo, o PER pretende beneficiar não apenas o devedor como também o tecido económico e, em última medida, o próprio credor, ao permitir que o seu crédito seja efetivamente cumprido, apesar de sujeito a novas condições.⁶⁸

A singularidade e a eficácia do PER passam, em grande parte, pela adoção deste "escudo protetor"⁶⁹ na medida em que "se os atos de agressão do patrimó-

---

⁶⁶ Na doutrina esta expressão é, também, utilizada por Fátima Reis Silva, *Processo...*, p. 53 e por Pedro Ferreira Malaquias e Miguel Rodrigues Leal, *A reforma...*, p. 105-111. A jurisprudência também tem recorrido a tal expressão para se referir aos efeitos do art. 17º-E, n.º 1.

⁶⁷ Tem-se assistido a uma adoção geral deste modelo nos países europeus, nomeadamente no ordenamento alemão, italiano e, mais recentemente, no espanhol. Para mais desenvolvimentos *vide* Vanesa Finch, *Corporate...*; Alice Belcher, *Corporate...*

⁶⁸ Como refere Catarina Serra, *Entre...*, p. 77, "É inegável, porém, o seu fundamento em interesses de natureza pública: entre outros interesses de aparente menor dignidade (a sobrecarga dos tribunais, as despesas derivadas do curso de um processo de insolvência), os interesses ligados à reestruturação de empresas em crise e à recuperação da economia."

⁶⁹ Expressão utilizada por Madalena Perestrelo de Oliveira, *Limites...*, p. 45.

nio do devedor continuassem, estaria provavelmente inviabilizada qualquer possibilidade de condução bem-sucedida de negociações com os credores."[70] O efeito *standstill*, funciona assim, como um *"balão de oxigénio"*[71] para o devedor em dificuldades, conferindo-lhe um forte poder negocial.

Os efeitos decorrentes do art. 17º-E, n.º 1, são:

i. Proibição de instauração de *"ações para cobrança de dívidas"* contra o devedor durante todo o tempo em que perdurarem as negociações;
ii. Suspensão das *"ações para cobrança de dívidas"*;[72]
iii. Extinção das *"ações para cobrança de dívidas"* suspensas com a homologação do plano de recuperação quando este não preveja a sua continuação.[73]

A produção dos efeitos presentes no art. 17º-E, n.º 1, opera *ope legis* com a prolação do despacho de nomeação de AJP, pela remissão imposta ao art. 17º-C,

---

[70] ANA PRATA\JORGE MORAIS CARVALHO\RUI SIMÕES, *Código...*, p. 64.
[71] Expressão retirada de PEDRO FERREIRA MALAQUIAS e MIGUEL RODRIGUES LEAL, *A Reforma...*, p. 105-111. Os AUTORES acrescentam que *"O standstill* é, portanto, verdadeira condição sine qua non para a aplicabilidade prática do PER."
[72] Esta suspensão corresponde à suspensão da instância nos termos do art. 269º, n.º 1, al. d), do CPC.
[73] Corresponde à extinção da instância por inutilidade superveniente da lide presente no art. 277º, al. e) do CPC.

n.º 3, al. a), não dependendo do requerimento de qualquer interessado.[74]

1. Alcance da expressão "ação para cobrança de dívidas"

A falta de clareza do legislador tem causado divergência na delimitação do conceito *"ações para cobrança de dívidas"* a que o art. 17º-E, n.º 1, faz referência.[75]

Para os credores é de extrema importância a concretização desta expressão, para que seja claro que diligências poderão ser adotadas durante a pendência do PER, dependendo tal facto da fixação das ações positivadas no âmbito do art. 17º-E, n.º 1.

Assim, questiona-se qual o alcance que o legislador pretendeu conferir a tal expressão. Será que pretendia abranger apenas as ações executivas como o faz no art. 88º relativamente ao processo de insolvência ou pretendia também referir-se às ações declarativas

---

[74] Neste sentido, Isabel Alexandre, *Efeitos Processuais...*, p. 240. "Relativamente aos outros efeitos que estão regulados no art.17º-E, 1 e 2 (...), a lei parece imputá-los à prolação do despacho judicial, uma vez que, ao contrário do que sucede em outras disposições, não alude a qualquer notificação ou publicação do despacho." Seguiu-se, assim, o regime instituído pela *automatic stay* norte-americana que, tal como o nome indica, prescinde de qualquer declaração judicial para a concretização dos efeitos.

[75] Ao longo do presente capítulo será referida a doutrina e jurisprudência que respetivamente sustentam os vários entendimentos, conjuntamente com a argumentação que refletem.

e às injunções? Qual a solução a adotar quanto aos procedimentos cautelares? Poderá um credor executar extrajudicialmente garantias que detenha sobre um devedor em PER? E, por último, será que existem limites quanto à execução de contratos, nomeadamente quanto a exigências de pagamentos antecipados ou compensações de créditos?

Teria sido mais conveniente se o legislador português tivesse seguido o procedimento do legislador norte-americano, com a previsão de um elenco exemplificativo de ações que o legislador considera abrangidas por tais efeitos.[76]

O recurso ao estudo do direito comparado não é esclarecedor, já que, neste âmbito, têm sido diferentes os regimes aplicáveis nos ordenamentos que mais influenciaram o legislador português.[77] Se por um lado, o legislador norte-americano adotou uma visão extensiva ao incorporar todas as tentativas de cobrança dos credores, independentemente da natureza ou do caráter jurisdicional da ação, o regime instituído no ordenamento alemão e italiano impõem,

---

[76] O legislador norte-americano no §362 do *Subchapter* IV, do *Chapter* 3, do *Title* 11 do *US Code*, delimita o âmbito de aplicação da norma fornecendo vários exemplos de ações e atos que entende que se consideram abrangidos pela *automatic say*, fazendo, também, a delimitação negativa da norma, clarificando que alguns procedimentos não estão abrangidos pela norma *(v.g.* ações especiais de alimentos, processos tributários e a generalidade de processos criminais).

[77] Para uma análise das principais influências do PER *vide* MADALENA PERESTRELO DE OLIVEIRA, *Limites...*

apenas, a suspensão das ações executivas,[78] caminho seguido pelo legislador espanhol na alteração à *Ley Concursal* postulada pelo RD 4/2014, de 7 de março.[79] Assim, a falta de concretização do conceito tem causado uma vaga de incerteza que se alastrou desde a nossa mais ilustre doutrina para a nossa jurisprudência, não sendo claro, até ao momento, quais foram as intenções do legislador e qual o significado que o mesmo pretendia dar à expressão *"ações para cobrança de dívidas"*.

1.1. Ações executivas[80]

As *"ações para cobrança de dívidas"* enunciadas no art. 17º-E, n.º 1, são indubitavelmente ações executi-

---

[78] Cf. art. 182-bis *Legge Falimentare* que impõe a suspensão das ações executivas e dos processos cautelares (*Dalla data della pubblicazione e per sessanta giorni i creditori per titolo e causa anteriore a tale data non possono iniziare o proseguire azioni cautelari o esecutive sul patrimonio del debitore*). O legislador alemão no §270 (2) *InsO* que remete para §21 (3) proíbe as medidas de execução contra o devedor (*Maßnahmen der Zwangsvollstreckung gegen den Schuldner untersagen oder einstweilen einstellen, soweit nicht unbewegliche Gegenstände betroffen sind*).

[79] Este RD alterou o art. 5º-bis que passou a prever a proibição das execuções judiciais durante o prazo negocial de bens que são necessários para a continuidade de negócios do devedor, sendo suspensas as execuções em vigor. No entanto, esta regra geral consagra três exceções. Para mais desenvolvimentos sobre as alterações ao regime do *acuerdo de refinanciación* ou da *propuesta de convenio anticipada vide Jesús Conde Fuentes, El Real Decreto-Ley 4/2014, de 7 de marzo: Refinanciación y reestructuración de deuda empresarial, pp. 171-182*.

[80] As execuções de natureza fiscal (meio processual adequado para proceder à cobrança coerciva das dívidas do Estado – taxas, impos-

vas pela própria natureza coerciva que as carateriza. Deste modo, resta perceber se estão incluídas nesta expressão todas as modalidades de ações executivas (ação executiva para entrega de coisa certa, ação executiva para prestação de facto e ação executiva para pagamento de quantia certa).

Na ótica de parte da doutrina esta expressão "abrange apenas as ações executivas para pagamento de quantia certa."[81] Tal interpretação tem por base o argumento de que a expressão *"ação para cobrança de dívidas"* subentende o cumprimento de obrigações pecuniárias, argumento baseado no art. 11º, n.º 2, do SIREVE que delimita expressamente os efeitos às *ações executivas para pagamento de quantia certa* ou outras ações destinadas a exigir o cumprimento de obrigações pecuniárias.[82]

---

tos, demais contribuições financeiras, coimas e outras sanções em dinheiro devidas ao Estado ou a outras pessoas de direito público) não terão tratamento autónomo e especificado. Porém, aplicam-se, com as necessárias adaptações, as conclusões e argumentos aduzidos no presente capítulo.

[81] NUNO SALAZAR CASANOVA E DAVID SEQUEIRA DINIS, *O Processo...* p. 97. No mesmo sentido, ISABEL ALEXANDRE, *Efeitos...*, p. 246; JOÃO AVEIRO PEREIRA, *A Revitalização...*, p. 37. Na jurisprudência, o Ac. TRC de 03-03-2015.

[82] Cfr. LEBRE DE FREITAS, *A Ação Executiva...*, p. 179 "Tal não evita que os processos de execução para entrega de coisa certa (art. 867º) e para prestação de facto (art. 869º) se possam converter em processos de execução para pagamento de quantia certa, visando o pagamento de uma indeminização ao exequente; e, quanto ao segundo, quando não haja conversão, o devedor é executado pela quantia necessária ao custeamento da prestação de facto a efetuar por outrem (art. 870º)."

Para interpretar a expressão em causa há que dividi-la em vários vetores que nos permitam entender e interpretar o seu real significado. A expressão evidencia-nos que se tratam de ações para cobrança de *dívidas*. A resposta à questão intrínseca no presente capítulo dependerá da concretização desta palavra.

Segundo ANA PRATA designa-se por dívida "o lado passivo da relação obrigacional." Como refere a AUTORA apesar de na linguagem corrente se utilizar frequentemente esta expressão como sinónimo de prestação em dinheiro, "a prestação não tem de ter um valor pecuniário, mas tem de corresponder a um interesse juridicamente relevante do credor."[83/84]

Assim, o argumento de que a expressão *"ações para cobrança de dívidas"* tem em vista a cobrança de quantias pecuniárias não prevalece, pois a interpretação literal conduz-nos a ações que visem a cobrança de uma *dívida*, não tecendo distinções quanto à natureza desta.[85] A única limitação imposta ao conceito de dívida é a existência de um interesse relevante do credor pois se "a dívida for constituída por uma pres-

---

[83] Cfr. art. 398º, n.º 2 do CC.
[84] *Dicionário Jurídico*, 3ª Ed. p. 214. Neste sentido, ANTUNES VARELA, *Das Obrigações...*, vol. I, 10º Ed., p. 63-64, entende que a dívida corresponde ao lado passivo de uma obrigação, ou seja, o dever de realizar uma prestação.
[85] Neste sentido, pronunciou-se o TRP no Ac. de 18-12-2013 "Desde logo, porque, a nosso ver, salvo melhor opinião, uma ação para cobrança de dívida não equivale, nem é sinónimo, de uma ação para cumprimento de obrigações pecuniárias

tação irrisória, o direito não lhe atribui proteção, não existindo consequentemente relação obrigacional."[86]

Deste modo, o incumprimento de uma obrigação de prestação de serviços poderá consubstanciar uma dívida, podendo essa dívida ser cobrada numa ação. Deixar fora do âmbito do art. 17º-E, n.º 1, as ações executivas para prestação de facto e as ações executivas para entrega de coisa certa não é a interpretação mais acertada, na medida em que em última análise, a *ratio* do PER passa pela recuperação do devedor, que pode ser impossibilitada por ações executivas desta natureza.[87]

Assim, a expressão *"ações para cobrança de dívidas"* integra obrigações pecuniárias, obrigações de entrega de coisa certa ou obrigações de prestação de facto.

Parte da doutrina dá, ainda, como argumento para a exclusão das ações executivas para entrega de coisa certa e para prestação de facto do âmbito do art. 17º-E, n.º 1, "a constatação de que o legislador pretendeu conferir âmbitos de aplicação distinto aos artigos 17º-E, n.º 1, e 88º."[88]

Apesar de entendermos que o legislador pretendeu conferir, nas sobreditas normas, diferentes âmbi-

---

[86] ANA PRATA, *Dicionário Jurídico*, 3ª Ed., p. 214.
[87] Cfr. MARIA DO ROSÁRIO EPIFÂNIO, *O Processo...*, p. 34, "o objetivo da paralisação das ações executivas será seriamente comprometido perante outro entendimento."
[88] NUNO SALAZAR CASANOVA; DAVID SEQUEIRA DINIS, *O Processo...* p. 103.

tos de aplicação, em relação às ações executivas o âmbito de aplicação dos artigos é igual, aplicando-se a todas as modalidades das ações executivas.[89] Conclui-se, assim, que quando a lei alude à expressão *"ações para cobrança de dívidas"* fá-lo em sentido amplo pois, em bom rigor jurídico, todas as ações executivas têm como finalidade a cobrança de uma dívida, não podendo concordar com a interpretação restritiva de parte da doutrina. O art. 17º-E, n.º 1, integra todas as ações executivas – ação executiva para entrega de coisa certa, ação executiva para entrega de quantia certa e ação executiva para prestação de facto, quer positivo quer negativo – pois todas são suscetíveis de inviabilizar a finalidade do PER, não se encontrando nenhuma referência na lei no sentido de se tratar apenas de ações de cobrança de obrigações pecuniárias.[90]

Assim deve-se considerar que também os processos executivos especiais estão, na sua generalidade, sujeitos aos efeitos decorrentes do art. 17º-E, n.º 1.[91]

---

[89] Esta confrontação do âmbito de aplicação das normas será retomado em mais detalhe no ponto 1.4 do presente capítulo relativo às providências cautelares.

[90] No mesmo sentido, MARIA DO ROSÁRIO EPIFÂNIO, *O Processo...*, pp. 33-34; MADALENA PERESTRELO DE OLIVEIRA, *O Processo...*, pp. 718-719.

[91] Partilhamos a opinião de ISABEL ALEXANDRE, *Efeitos...*, p. 246, quando aplica o regime erigido no art. 93º do CIRE analogicamente ao PER, entendendo que a regra geral da proibição de instauração de ações deve estender-se à execução especial por alimentos (art. 933º do CPC), sendo o devedor em PER o último dos obrigados a alimentos nos termos do art. 2009º do CC. Sobre os Processos Executivos Espe-

CAPÍTULO II – O EFEITO DE STANDSTILL – ÂMBITO OBJETIVO

Cumpre, ainda, dizer que o disposto no art. 17º-E, n.º 1, produz efeitos automáticos com a prolação do despacho de nomeação do AJP, não dependendo de requerimento de qualquer interessado, mas só será efetivamente concretizado quando o tribunal onde pende a ação tenha conhecimento do facto suspensivo[92]. Assim, o estipulado no art. 793º do CPC não consagra um *efeito necessário* como o que decorre do art. 17º-E, n.º 1, mas meramente um *efeito possível*.[93]

Por fim, cumpre ressalvar que a prática de atos em processos executivos suspensos durante o período de *standstill*, que pela sua natureza, conforme atestamos,

---

ciais (Execução por custas, execução por alimentos e execução para venda de navio abandonado) veja-se FERNANDO AMÂNCIO FERREIRA, *Curso...*, p. 497-504.

[92] É duvidoso se nos casos em que o devedor não comunique ao tribunal a decorrência de um PER, infringindo o dever de cooperação e lealdade a que está adstrito, pode vir depois arguir a nulidade da sentença decretada após o despacho de nomeação do AJP. Neste sentido, *vide* Ac. do TRG de 30-05-2013.

[93] O art. 793º do CPC permite a suspensão da execução antes mesmo do despacho de nomeação do AJP quando qualquer credor, a fim de impedir os pagamentos, mostre que foi requerido um PER. Apesar de a epígrafe – "*Suspensão da execução nos casos de insolvência*" – tratar especificamente os casos de insolvência, tal disposição pode ser aplicada nos casos de suspensão das ações no âmbito do PER por duas ordens de razão: em primeiro plano, a letra da lei faz referência às situações em que for requerida a recuperação de empresa, incluindo-se neste caso o PER. Por outro lado, a interpretação subsidiária do regime ao PER justifica-se neste caso pela similaridade das situações e das soluções consagradas no art. 17º-E, n.º 1, e no art. 88º.

deveriam estar suspensos, importa a nulidade, nos termos gerais, de tais atos.[94/95]

Em relação à proposição de ações executivas durante o período de *standstill* a consequência é a absolvição de instância com base numa exceção dilatória inominada.[96/97]

1.2. Ações declarativas

Neste âmbito, cumpre referir que parte da doutrina e da jurisprudência tem considerado que a expressão *"ação para cobrança de dívidas"* incorpora as ações declarativas destinadas a exigir o cumprimento de um direito de crédito.

Neste sentido, o TRL, no acórdão de 21-11-2013, concluiu que o sentido da expressão *"ações para cobrança de dívidas"* integra tanto as ações declarativas como as ações executivas, referindo que "não se surpreende qualquer distinção entre ações declarativas e executivas instauradas contra o devedor, não devendo também o intérprete distinguir onde o legislador

---

[94] No mesmo sentido, LUÍS M. MARTINS, *Recuperação...p. 52;* LUÍS A. CARVALHO FERNANDES\JOÃO LABAREDA, *Código...*, p. 165.

[95] Veja-se o caso 5 dos anexos que exemplifica uma penhora que deverá ser nula por vigorar durante o período de *standstill.*

[96] Cfr. ISABEL ALEXANDRE, *Efeitos...*, p. 248. Na jurisprudência, o TRP no Ac. de 7-04-2014 refere que deve ser absolvida a instância com base em exceção dilatória inominada.

[97] No direito norte-americano o §362, al. k), do *Subchapter* IV, *Chapter* 3, *Title* 11 do *Us Code* prevê a responsabilidade civil dos credores que violem a *automatic stay.*

não distinguiu." O TRL considera que o facto de o art. 17º-E, n.º 1, referir-se simplesmente a *"ações"* pretendia referir-se a qualquer tipo de ações, independentemente da sua natureza desde que tenha como finalidade cobrar uma dívida, até porque considera que as ações declarativas são também suscetíveis de comprometer a revitalização do devedor.[98]

Acresce como fundamento para esta linha interpretativa o art. 11º, n.º 2, do SIREVE, que segundo o TRP no acórdão de 30-09-2013, utiliza a expressão *"ação para cobrança de dívidas"* para se referir tanto a ações executivas como declarativas.[99]

Além da jurisprudência, alguns AUTORES, têm seguido esta interpretação, defendendo que "a paralisação aqui determinada abrange todas as ações para cobrança de dívidas e não apenas as executivas, incluindo-se, assim, as ações declarativas condenatórias."[100]

No entanto, não partilhamos o entendimento defendido *supra*. No nosso ponto de vista a expressão

---

[98] Seguem esta interpretação, apesar de alguns considerarem abrangidas apenas as ações declarativas condenatórias o Ac. do TRP de 18-12-2013, de 07-04-2014 e de 17-11-2014, o Ac. de 16-01-2014 do TRE e o TRC no Ac. de 27-02-2014.

[99] O artigo em causa faz referência a ações executivas para pagamento de quantia certa ou outras ações destinadas a exigir o cumprimento de obrigações pecuniárias.

[100] LUÍS A. CARVALHO FERNANDES/ JOÃO LABAREDA, *Código...*, p. 164. Neste sentido LUÍS M. MARTINS, *Recuperação...*p. 51; ANA PRATA\JORGE MORAIS CARVALHO\RUI SIMÕES, *Código...*, p. 64; JOÃO AVEIRO PEREIRA, *A Revitalização...*, p. 37.

"*ação para cobrança de dívidas*" tem intrínseca a realização coerciva de um direito, excluindo, o elemento literal, as ações declarativas do âmbito de aplicação da norma.[101] Deste modo, deve-se atender que as ações declarativas (em todas as suas modalidades) não se integram no alcance da expressão "*ação para cobrança de dívidas*", não sendo assim suspensas ou extintas ao abrigo do art. 17º-E.[102]

Ademais, "o autor de ação declarativa em que invoque a verificação de um crédito sobre outrem só é efetivamente declarado credor caso a ação proceda, existindo sempre a possibilidade de que isso não aconteça."[103]

Neste sentido, concluiu o acórdão de 11-07-2013 do TRL que a expressão "*para cobrança de dívida*" não abrange as ações declarativas, mesmo que estas visem o cumprimento de uma obrigação pecuniária, porque nessa ação a dívida ainda não foi declarada. Com o prosseguimento da ação fica assegurada a celeridade

---

[101] Cfr. JOSÉ LEBRE DE FREITAS, *A Ação Executiva...*, 2014, p. 12: "Diferentemente da ação declarativa, a ação executiva tem por finalidade a reparação efetiva dum direito violado. Não se trata já de declarar direitos, pré-existentes ou a constituir. Trata-se, sim, de providenciar pela realização coativa de uma prestação devida. Com ela, passa-se da declaração concreta da norma jurídica para a sua atuação prática, mediante o desencadear do mecanismo da garantia."

[102] Neste sentido, NUNO SALAZAR CASANOVA/ DAVID SEQUEIRA DINIS, *O Processo...* p. 99; MARIA DO ROSÁRIO EPIFÂNIO, *O Processo...*, pp. 32-33; ISABEL ALEXANDRE, *Efeitos...*, p. 243, defendem que as ações declarativas não consubstanciam ações para cobrança de dívidas.

[103] Ac do TRC de 27-02-2014.

na definição dos efetivos direitos, salvaguardando o direito constitucional de acesso ao direito e à tutela jurisdicional efetiva. Assim, "a existência e decurso de uma ação declarativa de condenação em nada prejudica as negociações referidas na lei".[104]

Deste modo, o elemento teleológico indica-nos que as ações declarativas não são "ações para cobrança de dívidas" já que o reconhecimento de uma dívida não inviabiliza a recuperação do devedor, pois não se prevê uma execução, mas apenas uma fase declarativa do direito que em nada contraria a *ratio* do PER.[105/106]

---

[104] O Ac. TRL de 11-07-2012 acrescenta, ainda, como argumento que embora o art. 5º do DL n.º 218/99, de 15 de junho trate da preposição de ações com natureza declarativa na aceção de ações para cobrança de créditos por cuidados de saúde, este regime era anteriormente regulado no DL n.º 194/92, de 8 de setembro que estava associado à cobrança de dívidas que se mostravam consubstanciadas em títulos executivos. "Ou seja, tal referência, só por si, afigura-se patentemente insuficiente para se poder concluir, sem mais, que a expressão "para cobrança de dívida" abrange, necessariamente, ações com natureza declarativa."

[105] Como bem refere Isabel Alexandre, *Efeitos...*, p. 246: "atendendo a que se a pendência de uma ação declarativa não pode prejudicar a recuperação do devedor, os obstáculos à sua instauração ou prosseguimento configuram restrição desproporcionada do direito de ação judicial."

[106] Como referido nas apreciações iniciais sobre o *standstill*, este parece ser o caminho seguido pela maioria dos legisladores europeus, nomeadamente o legislador alemão, italiano e, mais recentemente, o espanhol que parecem também excluir as ações declarativas deste período de suspensão instituído em regimes semelhantes.

Reitera este entendimento a Recomendação da Comissão de 12 de março de 2014 relativa a uma nova abordagem em matéria de falência e de insolvência das empresas, cujo objeto é assegurar que empresas viáveis com dificuldades financeiras tenham acesso às legislações nacionais em matéria de insolvência que lhes permitam reestruturar-se numa fase precoce com vista a evitar a sua insolvência[107]. O considerando 18 e o ponto 10 da Recomendação da Comissão referida determina que "um devedor deve poder solicitar ao tribunal uma suspensão das ações executivas individuais e uma suspensão dos processos de insolvência cuja abertura foi solicitada pelos credores, quando tais ações são suscetíveis de afetar negativamente as negociações e comprometer as perspetivas de uma reestruturação da empresa do devedor."

Os efeitos provenientes do art. 17º-E, n.º 1, não se esgotam na suspensão de ações, estando previsto no predito artigo a extinção das ações suspensas logo que seja aprovado e homologado plano de recuperação que "apenas fará sentido se se reportar às ações executivas que visam assegurar a realização coativa do direito, e não às ações declarativas, na medida em que nelas não se discute o pagamento da dívida, mas apenas a existência da mesma, sendo certo que o plano de recuperação apenas dispõe sobre a forma de pagamento da dívida, tornando inútil o prosseguimento

---

[107] Cfr. considerando 1 da Recomendação da Comissão Europeia, disponível em Jornal Oficial da União Europeia.

das ações executivas, pois a forma de pagamento passou a ter de ser realizada, de acordo com os termos do plano de recuperação."[108]

Por fim, são as ações declarativas condenatórias[109] que suscitam maiores dúvidas, pois a ação destina-se a proporcionar ao autor um título executivo que depois possa executar numa ação executiva. Todavia, apesar de condenar o devedor ao pagamento de uma quantia ou de um facto, nesta ação está-se a condenar o devedor, não a executá-lo.[110]

Deste modo, entendemos que também estas ações são uma fase prévia à realização coativa do direito, em que apenas se está a discutir a sua existência, pois "a ação em causa não serve para cobrar a dívida propriamente dita, mas antes para obter o reconhecimento judicial da sua existência e obrigatoriedade

---

[108] Excerto retirado do Ac. de 05-06-2014 do TRL.

[109] "As ações de condenação constituem, desta maneira a forma de tutela jurisdicional civil declarativa dotada de maior eficácia tendo em vista a (ulterior) realização forçada ou coativa da prestação devida." (Cfr. J.P. REMÉDIO MARQUES, *Ação Declarativa...*, p. 126)

[110] Como refere o TRL no Ac. de 05-06-2014: "Este entendimento encontra o seu fundamento no facto de apenas estar em causa no preceito, a realização coativa do direito, o que não sucede com as ações declarativas que apenas têm por objetivo estabelecer o direito, e nunca o de assegurar a realização coativa do mesmo, o que tão pouco se verifica nas ações de condenação, ainda que em causa esteja a condenação do devedor no pagamento de uma quantia pecuniária, tanto mais que se considera que ação para cobrança de dívida não é equivalente a ação para cumprimento de obrigações pecuniárias."

de pagamento, no pressuposto que existe controvérsia quanto à mesma".[111]

Assim, enquanto decorrer o PER não se poderá executar a sentença condenatória (art. 626º do CPC) por consubstanciar indubitavelmente uma *"ação para cobrança de dívidas"*.[112]

Neste âmbito, poder-se-á se entender que tal apreciação viola o princípio da obrigatoriedade das decisões judiciais por permitir ao tribunal que profira uma sentença para depois impedir a sua execução. Contudo, compreendemos que não se está a obviar à obrigatoriedade da decisão, mas apenas a suspender os efeitos da mesma por estar em causa um regime especial cujos propósitos legitimam que o devedor goze de um período no qual não seja afetado por execuções que obstariam a sua recuperação.

Ademais, só esta solução coincide com o espírito do processo. O crédito subjacente à ação executiva suspensa será cumprido em sede do PER e, dessa forma, pago no âmbito do acordado. Significa isto, que a ação será exequível, mas no âmbito do PER. Quando o PER termine sem um acordo aprovado ou homologado ou quando o acordo preveja a continua-

---

[111] NUNO SALAZAR CASANOVA e DUARTE SEQUEIRA DINIS, *O Processo...* p. 100.

[112] JORGE AUGUSTO PAIS DO AMARAL, *Direito...*, 9ª Ed., p. 19, defende que "A distinção entre ações declarativas e ações executivas equivale à diferença entre o simples declarar e executar, entre o dizer e o fazer. No processo declarativo é declarada a vontade concreta da lei, visando o executivo a execução dessa vontade"

ção desta ação, a ação condenatória não deixará de ser exequível por ter estado em pendência um PER.[113]

Concludentemente, a decisão condenatória continuará a ser obrigatória, mas os seus efeitos terão de se compatibilizar com o regime do PER e com as especiais dificuldades económicas do devedor, que por essa razão urgem a proibição de instauração de ações executivas durante a pendência do processo.

1.2.1. A Fase de reclamação de créditos salvaguarda o direito de acesso ao direito e à tutela jurisdicional efetiva?

De acordo com o concluído *supra*, a abrangência das ações declarativas como *"ações para cobrança de dívidas"* configura uma restrição desproporcionada do direito de acesso ao direito e à tutela jurisdicional efetiva.

O respeito por estes direitos, constitucionalmente consagrados, implicam "o direito de obter, em prazo razoável, uma decisão judicial que aprecie, com força de caso julgado, a pretensão regularmente deduzida em juízo, bem como a possibilidade de a fazer executar."[114/115]

---

[113] A extinção de ações executivas aquando da homologação do plano de recuperação não consubstanciam os problemas referidos no ponto seguinte pois já existe o reconhecimento do direito, não existindo forma de o crédito não ser reconhecido no âmbito do PER.

[114] Art. 20º, n.º 2 da CRP.

[115] "O direito de acesso ao direito e à tutela jurisdicional efetiva (...) é, ele mesmo, um direito fundamental, constituindo uma garantia

Todavia, de forma a sustentar a suspensão e consequente extinção das ações declarativas, parte da jurisprudência argumenta que a fase de reclamação e impugnação da lista de créditos assegura o acesso ao direito e à tutela jurisdicional efetiva.

Esta corrente jurisprudencial apoia-se no entendimento proferido pelo STJ, no acórdão uniformizador de jurisprudência n.º 1/2014, no qual determinou que em relação ao processo de insolvência, as ações declarativas pendentes serão extintas por inutilidade superveniente da lide uma vez transitada em julgado a sentença que declarou a insolvência.

Contudo, este acórdão não surte qualquer efeito quanto ao PER, uma vez que se trata de um regime com relevantes diferenças neste ponto que não permitem uma analogia. Ao contrário do PER, o processo de verificação de créditos no processo de insolvência salvaguarda o contraditório com a admissibilidade de resposta às impugnações e garante os meios processuais necessários à defesa dos interesses dos credores, como veremos de seguida.[116]

Em primeiro plano, no âmbito do PER, a lei apesar de prever a possibilidade de impugnação da lista de créditos, prevê, também, a possibilidade de o

---

imprescindível da proteção de direitos fundamentais, sendo, por isso, inerente à ideia de estado de direito." J.J. GOMES CANOTILHO\VITAL MOREIRA, *Constituição...*, 2007, vol. I, p. 408. *Vide* JOSÉ LEBRE DE FREITAS, *Introdução...* pp. 99-122.

[116] *Vide* MARIA JOSÉ COSTEIRA, *Classificação...*, pp. 241-254 e FÁTIMA REIS SILVA, *A Verificação...*, pp. 255-266.

plano de recuperação ser aprovado e homologado sem a existência de uma decisão sobre a impugnação (art. 17º-F, n.º 3[117]), o que indicia, desde logo, a diferença de regimes e a incompatibilidade com os direitos constitucionalmente protegidos em apreço.

Da análise do desenho legal resulta que o conteúdo da decisão das impugnações da lista provisória de créditos não tem força de caso julgado material, sendo a única forma de assegurar o caráter célere do PER,[118] pois caso contrário teriam de se salvaguardar os controlos garantísticos do processo civil, como ocorre no processo de insolvência, tornando o PER num processo moroso e incapaz de seguir os seus propósitos revitalizadores.[119] O prazo diminuto que o art. 17º-D

---

[117] A própria lei mesmo com a alteração preconizada no art. 4º do DL n.º 26/2015, de 6 de fevereiro, admite esta possibilidade expressando que *"Sem prejuízo de o juiz poder computar no cálculo das maiorias os créditos que tenham sido impugnados se entender que há probabilidade séria de estes serem reconhecidos"* A decisão sobre as impugnações da lista de créditos não é, em muitos casos, necessária para a aprovação e para a homologação do plano de recuperação pois esta decisão tem apenas como consequência a definição dos quóruns, conforme argumentaremos no presente ponto.

[118] Neste sentido, o Ac. do TRG de 02-05-2013 sustentando que "a sedimentação dos créditos da requerente tem como finalidade não propriamente a fixação definitiva dos débitos da requerente, mas sim permitir uma rápida tramitação do processo, ou seja, visa as negociações e aprovação do plano e não mais do que isso."

[119] Neste sentido, MARIA DO ROSÁRIO EPIFÂNIO, *O Processo*..., p. 47: "Parece lícito concluir que a reclamação de créditos em sede de PER tem uma função eminentemente processual, valendo exclusivamente para efeitos do PER, não gozando, assim, de força de caso julgado

consagra demonstra que assim é, pois seria impossível que os sobrelotados tribunais conseguissem responder atempadamente (o art. 17º-D, n.º 3 estabelece um prazo de 5 dias para a decisão).[120]

Conclui-se em conformidade com os argumentos aduzidos que, no âmbito do PER, o conteúdo da decisão das impugnações do juiz não corresponde a uma sentença de verificação e graduação de créditos, tendo a fase de reclamação de créditos, em sede de PER, como única finalidade o estabelecimento de quóruns de aprovação do plano de recuperação.[121]

Assim, existirão, desde logo, créditos que não terão consistência para serem reconhecidos numa

---

material (eficácia interna e externa – art. 619º), mas apenas formal (eficácia interna – art. 620º), uma vez que a questão pode ser reposta novamente em sede de processo de insolvência ou de outro processo." NUNO SALAZAR CASANOVA; DAVID SEQUEIRA DINIS, *O Processo...*, p. 78-79; LUÍS A. CARVALHO FERNANDES e JOÃO LABAREDA, *Código...*, p. 159; FÁTIMA REIS SILVA, *Processo...* p. 45; *A Verificação...*, p. 255.

[120] Assim, contraria-se o estipulado no Ac. do TRP de 05-01-2015 quando defende: "Através deste procedimento, é de considerar que ficou assegurado o direito de acesso do A. ao direito e à tutela jurisdicional efetiva, sendo certo que o prosseguimento dos termos subsequentes da presente ação declarativa até julgamento e eventual procedência iria pôr em causa a *ratio* do procedimento especial de revitalização."

[121] Cfr. JOÃO AVEIRO PEREIRA, *A Revitalização...*, p. 54. "O pragmatismo económico, legislando sob a pressão dos credores internacionais, não autoriza aqui um incidente de verificação de créditos, com resposta às impugnações, pois atenta a natureza urgente do processo, o que importa, nesta fase, é estabelecer um quórum deliberativo."

mera reclamação de créditos, tendo em conta os fracos meios de prova admitidos.[122]

Refere-se, por fim, que o juiz decide "sobre as impugnações formuladas", o que indicia a impossibilidade de resposta às impugnações, ao contrário do que ocorre no processo de insolvência (art. 131º).[123] Tais factos – inexistência de efetivo contraditório e restrição dos meios de prova admitidos – não permitem que o direito de acesso aos tribunais e à tutela jurisdicional efetiva fique salvaguardado.[124]

No seguimento das conclusões referidas, ao entendermos que as ações declarativas são *"ações para cobrança de dívidas"*, a ação declarativa com base num crédito litigioso seria suspensa e posteriormente extinta sem existir decisão sobre a causa ou sem, muito provavelmente, ser reconhecida no âmbito do

---

[122] Tem-se admitido que a decisão sobre as impugnações não pode passar pela realização de diligências instrutórias, como ocorre no processo de insolvência (art. 139º), devendo o tribunal decidir apenas com base na prova documental, pois dispõe de apenas 5 dias para proferir uma decisão. Neste sentido, MARIA DO ROSÁRIO EPIFÂNIO, *O Processo...*, p. 50; LUÍS A. CARVALHO FERNANDES/ JOÃO LABAREDA, *Código...*, p. 158. Em sentido contrário, ou seja, ao admitir a realização de quaisquer diligências probatórias, incluindo prova testemunhal vide JOÃO AVEIRO PEREIRA, *A Revitalização...*, p. 55; NUNO SALAZAR CASANOVA/ DAVID SEQUEIRA DINIS, *O Processo...* p. 78.

[123] Neste sentido, FÁTIMA REIS SILVA, *A Verificação...*, p. 41; JOÃO AVEIRO PEREIRA, *A Revitalização...*, p. 41.

[124] Cfr. GOMES CANOTILHO, *Direito...*, 7ª Ed., pp. 491-500, refere que: "o particular tem o direito fundamental de recorrer aos tribunais para assegurar a defesa dos seus direitos e interesses legalmente protegidos."

PER. Todavia, a inexistência de caso julgado material possibilitaria a interposição de uma nova ação declarativa pelo credor contra o devedor. Nestes termos, além da violação dos sobreditos direitos constitucionais, releva, ainda, o princípio da economia processual já que os credores serão obrigados a percorrer novamente todo o calvário judicial.[125]

Neste âmbito, importa aferir se o crédito reconhecido nesta nova ação será sujeito às condições de pagamento estabelecidas no plano de recuperação.[126] Para interiorizar este entendimento há que ter em conta que "os créditos que se constituam após o prazo de reclamação de créditos não são atendidos, mas também não são afetados pelo plano."[127/128] Isto significa que os créditos cuja ação declarativa foi extinta e que não foram reconhecidos no âmbito do PER se vierem

---

[125] Sobre o princípio da economia processual *vide* JOSÉ LEBRE DE FREITAS, *Introdução...*, pp. 203-222.

[126] A fase de reclamação de créditos no PER tem apenas força de caso julgado formal, o que significa nas palavras de ANTUNES VARELA/ MIGUEL BEZERRA, SAMPAIO E NORA, *Manual...*, 2ª Ed., pp. 703-704, que "tem força obrigatória apenas dentro do processo, obstando a que o juiz possa, na mesma ação, alterar a decisão proferida, mas não impedido que, noutra ação, a mesma questão processual concreta seja decidida em termos diferentes pelo mesmo tribunal, ou por outro entretanto chamado a apreciar a causa".

[127] NUNO SALAZAR CASANOVA/DAVID SEQUEIRA DINIS, *O Processo...* p. 57.

[128] Sobre a inaplicabilidade do regime da verificação ulterior de créditos ao PER *vide* na jurisprudência o Ac. do TRG, de 02-05-2013 e, na doutrina, FÁTIMA REIS SILVA, *Processo...*, p. 49 e MARIA DO ROSÁRIO EPIFÂNIO, *O Processo...*, pp. 45-46.

a ser reconhecidos numa ação interposta após a aprovação e a homologação do plano ficam vinculados ao plano de recuperação ou consideram-se extrínsecos ao plano?[129] Para responder claramente à questão há que delimitar a constituição do crédito para estes efeitos, ou seja, confinar a partir de que momento é que o crédito se considera constituído, podendo resultar, desta apreciação, situações muito ambíguas.

Neste âmbito, caso se entenda que este crédito não está vinculado ao plano, tal significa que poderá ser pago na íntegra e sem as condições de pagamento especiais, podendo, desde logo, executar o devedor até obter o valor total da dívida, contabilizando-se todos os juros de mora da dívida vencida. Nos casos em que se afigure um crédito de montante elevado, conduzirá à inviabilização completa do plano, inutilizando todos os esforços negociais.

Por seu turno, mesmo que se entenda que o plano será aplicável a este crédito, levantam-se várias questões que se prendem essencialmente com a compatibilização do estipulado no plano com este crédito que não foi inicialmente previsto e que pode ser reconhecido a meio ou mesmo no fim da execução do plano de recuperação. Mesmo nestes casos seria preferível que as ações declarativas prosseguissem de

---

[129] BERTHA PARENTE ESTEVES, *Da Aplicação...*, p. 274 entende que deve ser dado a tal crédito "o mesmo tratamento previsto no plano de recuperação para os demais créditos da mesma classe, pois, só assim será possível assegurar o correto cumprimento do princípio *par conditio creditorum*".

forma a resolver o litígio o mais atempadamente possível, constando, desde logo, este crédito do plano de recuperação.[130]

Para a resolução destes resultados indesejáveis, parte da doutrina[131] que defende que as ações declarativas estão abrangidas no artigo 17.º-E, n.º 1, propõe uma redução teleológica da norma em desígnio[132]. Esta tese subtrai ao efeito extintivo, previsto no artigo 17.º-E, n.º 1, *in fine*, os créditos que, no momento da homologação do plano, permaneçam litigiosos ou ilíquidos, ou seja, que necessitem de definição jurisdicional para que possam ser satisfeitos[133].

Adiante-se, desde já, que apesar dos fundamentos invocados, não consideramos que a tese sobredita corresponda à vontade do legislador. Na realidade, o argumento literal torna praticamente indefensável esta

---

[130] Poderá ser arguido como argumento o facto de, mesmo que a ação declarativa prossiga, esta poderá apenas ser resolvida e o crédito ser reconhecido após a fase de reclamação de créditos. Claro que tal pode acontecer e suscitar todas as dúvidas levantadas *supra*. Contudo, não poderá deixar de se entender que existirão muitos casos em que a ação declarativa resolverá a questão atempadamente. A juntar a isto, a ação não será extinta, não desprotegendo os direitos dos credores nem violando o direito fundamental de acesso ao direito e à tutela jurisdicional efetiva e não desprotege, de igual forma, os direitos do devedor.

[131] Vide CATARINA SERRA – *O Processo Especial de Revitalização na Jurisprudência*, pp. 62-63.

[132] Considera, nestes termos, que existe uma lacuna oculta que consiste na ausência de uma restrição e a sua integração realiza-se acrescentando, por via da redução teleológica da norma, a restrição omitida.

[133] Vide, neste sentido, ARTUR DIONÍSIO OLIVEIRA – *Os Efeitos Processuais do PER e os Créditos Litigiosos*, pp.199-228.

interpretação que defende que os efeitos decorrentes do artigo 17.º-E, n.º 1 – efeito impeditivo, suspensivo e extintivo – não têm o mesmo âmbito objetivo.

Na prática, esta tese pressupõe que as ações declarativas para reconhecimento de créditos litigiosos suspendem-se com o despacho de nomeação do administrador judicial provisório, mas que a homologação do plano de recuperação não dita a sua extinção, mas sim o seu prosseguimento, nos casos em que o crédito não tenha sido reconhecido no PER.

Não vislumbramos de que modo a solução preconizada poderá salvaguardar os interesses do devedor em PER e dos seus credores. Isto, porque a suspensão destas ações durante dois ou três meses (prazo legal do período de negociações, com a possibilidade de prorrogação), potencia o reconhecimento destes créditos apenas na fase de execução do plano de recuperação, o que, conforme explanado *supra*, poderá impossibilitar o cumprimento do plano de recuperação, inviabilizando todos os esforços negociais.

Neste sentido, e de acordo com o que tem sido, por nós, defendido, não antevemos de que modo a suspensão das ações declarativas salvaguarda a existência de um clima negocial adequado para o estabelecimento de um acordo de recuperação.

Consideramos, deste modo, ser mais proficiente a não suspensão das ações declarativas, de modo a que estes créditos sejam reconhecidos o mais atempadamente possível, permitindo que o plano de recuperação considere a situação patrimonial real do devedor, o que terá reflexo nas negociações e, sobretudo, na capacidade do devedor para cumprir o plano de recuperação.

1.2.2. Prescrição

O art. 17º-E, n.º 1, como referido anteriormente, proíbe a instauração de *"ações para cobrança de dívidas"*. Ora, da aplicação desta proibição às ações declarativas resultariam situações de prescrição de direitos e caducidade de ações, existindo casos em que seria vedado aos credores o exercício dos seus direitos sobre os devedores, o que poderia pôr em causa quantias patrimoniais não ressarcíeis por outra via.[134]

Mais uma vez acrescem problemas em relação a créditos litigiosos pois, nestes casos, se o devedor não reconhece o crédito em questão, não pendem sobre este os deveres de comunicação a que o art. 17º-D faz referência.[135] Assim, o credor ficaria duplamente

---

[134] *Vide* sobre o regime da prescrição e da caducidade Pedro Pais de Vasconcelos, *Teoria....*, pp. 380-393.

[135] Neste sentido, veio-se pronunciar o TRP no Ac. de 18-12-2013 "E nem se esgrima com o disposto n.º 1º do artigo 17.º -D, nomeadamente com o dever que impende sobre o devedor (...) Será que tal lhe é exigível em relação a uma dívida cuja existência contesta? Será que nesse caso deve convocar um credor cujo crédito não reconhece (ou seja entende que não existe, pois nada lhe deve (...)? A resposta, a nosso ver, é negativa. Desde logo, porque se o fizer está implicitamente a reconhecer a verificação de uma dívida cuja existência, em rigor, não admite. Por outro lado, se o fizer, em nosso entender, tal declaração deve ter implicações na ação declarativa (extinção da mesma por inutilidade superveniente... – *vide* artigo 287º al e) do CPC), visto que

impossibilitado de agir.[136] Por um lado não recorreria ao PER pois, na maioria dos casos, não teria conhecimento da sua existência, estando, por outro lado, impedido de interpor uma ação declarativa por via do art. 17º-E, n.º 1, para que o seu direito não prescreva ou a sua ação não caduque.

O regime erigido no art. 311º do CC estabelece que "o direito para cuja prescrição, bem que só presuntiva, a lei estabelecer um prazo mais curto do que o prazo ordinário fica sujeito a este último, se sobrevier sentença passada em julgado que o reconheça, ou outro título executivo."

Esta disposição corrobora o entendimento seguido, na medida em que mesmo com a suspensão das ações executivas durante a pendência do PER, com a prossecução das ações declarativas o prazo de prescrição é alargado para o prazo ordinário, salvaguardando o direito fundamental de acesso ao direito.

---

não faz sentido que no PER admita a existência da dívida e na ação declarativa a continue a negar..." A juntar a isto, entende-se que não é possível a impugnação da lista com base na reclamação de créditos não reclamados no prazo legal, o que faz com que se o credor não toma conhecimento da existência do PER no prazo curto de 20 dias para a reclamação de créditos, o seu direito de reclamar o crédito preclude. Neste sentido, FÁTIMA REIS SILVA, *A Verificação...*, pp. 260-261.

[136] Como refere CATARINA SERRA, *Entre...* p. 97: "O que é mais frequente, aliás é o devedor omitir dolosamente o dever porque lhe interessa que o PER seja rapidamente aprovado pelos credores amigos e funcione como um "apagador" de certos créditos."

1.2.3. Sanção pecuniária compulsória

Ressalvo apenas que um dos efeitos automáticos[137] decorrentes da sentença de condenação, nos casos em que tenha sido estipulado judicialmente determinado pagamento em dinheiro corrente, é a aplicação de uma sanção pecuniária compulsória prevista no art. 829º-A do CC, que como refere no seu n.º 4 consiste na estipulação automática de juros a taxa legal de 5% ao ano desde a data em que a sentença de condenação transitar em julgado, os quais acrescerão aos juros de mora, se estes forem também devidos, ou à indemnização a que houver lugar

Na verdade, o decorrer de uma sanção deste género poderá ter contornos muito custosos para um devedor em dificuldades económico-financeiras cujo pagamento atempado da dívida original já não se afigura fácil.

Porém, tal como o pagamento original da dívida, também o montante devido através da sanção pecuniária pode ser sujeito às condições de pagamento estipuladas do plano de recuperação já que, quanto ao seu conteúdo, vigora o princípio da liberdade de fixação do conteúdo do plano de recuperação.[138/139]

---

[137] Em relação à automaticidade da sanção pecuniária compulsória *vide* CALVÃO DA SILVA, *Sanção...*, p. 101.
[138] *Vide* LUÍS A. CARVALHO FERNANDES e JOÃO LABAREDA, *Código...*, p. 745; PAULO DE TARSO DOMINGUES, *O Processo...*, p. 30.
[139] Do acordo de recuperação pode resultar, por exemplo, que o montante devido da decorrência da sanção pecuniária compulsória será

Concludentemente e no seguimento dos argumentos desenvolvidos não podemos concordar com a interpretação expelida por parte da doutrina e da jurisprudência quanto à aceção das ações declarativas como ações para cobrança de dívidas no âmbito do art. 17º-E, n.º 1, que apesar de facilitar a aplicação da lei, não condiz nem serve os pressupostos da mesma por não garantir o direito de acesso ao direito e à tutela jurisdicional efetiva, computando uma restrição injustificada dos direitos dos credores.

1.3. Procedimento de injunção[140]

A injunção é um procedimento especial que consta do DL n.º 269/98, de 1 de setembro[141] que se destina a proporcionar ao devedor meios céleres e

---

apenas contabilizado se o devedor incumprir as condições do plano de recuperação.

[140] Aplicam-se, com as necessárias adaptações, as conclusões produzidas neste capítulo aos Procedimentos do Direito Comunitário, nomeadamente ao Procedimento Europeu de Injunção de Pagamento estabelecido no Reg. (CE) n.º 1896/2006 do Parlamento Europeu e do Conselho, de 12 de dezembro de 2006; (sobre as especificidades deste regime vide JOSÉ HENRIQUE DELGADO DE CARVALHO, Ação... pp. 240-259; EDGAR VALLES, Cobrança, pp. 135-138.) ao Título Executivo Para Créditos Não Contestados instituído no Reg. (CE) n.º805/2004, do Parlamento Europeu e do Conselho de 21 de abril de 2004; e ao Processo Europeu para Ações de Pequeno Montante. Sobre as especificidades destes procedimentos vide JOSÉ LEBRE DE FREITAS, A Ação Declarativa, pp. 356-361.

[141] Este diploma já sofreu várias alterações, sendo a mais recente a imposta pelo DL n.º 226/2008, de 20 de novembro.

eficazes para reclamar a sua dívida quando esta seja de valor inferior ou igual a quinze mil euros ou nos casos em que resulte de uma transação comercial,[142] correspondendo a "um processo pré-judicial tendente à criação de um título executivo extrajudicial na sequência de uma notificação para pagamento."[143]

Em termos materiais, a injunção visa declarar um direito, permitindo ao credor obter um título executivo sem que para tal tenha de recorrer às ações declarativas.[144] Através do título executivo, pode o credor recorrer a um processo executivo com vista à recuperação dos seus créditos.[145]

---

[142] O DL n.º 32/2003, de 17 de fevereiro veio, entre o mais, alargar a possibilidade de recurso às injunções a todos os pagamentos efetuados como remuneração de transações comerciais, definindo no art. 3º "transação comercial" como "qualquer transação entre empresas ou entre empresas e entidades públicas, qualquer que seja a respetiva natureza, forma ou designação, que dê origem ao fornecimento de mercadorias ou à prestação de serviços contra uma remuneração."

[143] É como explica, de uma forma simples, a CÂMARA DOS SOLICITADORES, *Os Procedimentos*...Para mais desenvolvimentos sobre o procedimento de injunção *vide* EDGAR VALLES, *Cobrança*..., pp. 33-42; FERNANDO AMÂNCIO FERREIRA, *Curso*, pp. 54-64.

[144] Dispõe o art. 14º no seu n.º 1: "Se, depois de notificado, o requerido não deduzir oposição, o secretário aporá no requerimento de injunção a seguinte fórmula: Este documento tem força executiva." Nos casos em que é deduzida oposição ou em que se frusta a notificação do requerido, o processo converte-se numa ação judicial, passando a ser conduzido pelo juiz.

[145] Como dispõe o art. 21.º, n.º 1, do DL n.º 269/98, de 1 de setembro, "a execução fundada em requerimento de injunção segue, com as necessárias adaptações, a forma de processo comum."

Em concordância com a aplicação da fundamentação explanada no capítulo referente às ações declarativas, o procedimento de injunção, em si, não é passível de inviabilizar a situação económica do devedor. Isso só ocorrerá na fase seguinte ao procedimento de injunção, ou seja, na fase executiva. Nesta fase, o processo terá de ser suspenso enquanto vigorar o PER pois as ações executivas consubstanciam ações para cobrança de dívidas.[146]

Nesta medida, expressando opinião contrária à defendida por Luís M. Martins,[147] deve entender-se que as injunções não se encontram abrangidas pelo regime estipulado no art. 17º-E, n.º 1.

Cumpre ainda referir que, no caso particular das injunções, acrescenta-se o facto de o art. 17º-E, n.º 1, produzir efeitos sobre as *"ações para cobrança de dívida"*. O procedimento de injunção é um procedimento de natureza eminentemente administrativa, tramitada por um secretário judicial e não uma ação, estando por isso, também, formalmente excluído do âmbito de aplicação da norma.

Os argumentos e as conclusões reiteradas na análise do procedimento de injunção aplicam-se, com as necessárias adaptações, à Ação Declarativa Especial

---

[146] Neste sentido, *vide* o já citado Ac. do TRL de 11-07-2013 que considerou que o procedimento de injunção não consubstancia uma ação para cobrança de dívida, fazendo um paralelismo de situações e utilizando os mesmos fundamentos utilizados no caso das ações declarativas.

[147] *Recuperação...*, p. 51.

para Cumprimento de Obrigações Pecuniárias Emergentes de Contratos regulada no mesmo diploma, ao Procedimento Extrajudicial Pré-executivo[148] fundado na Lei n.º 32/2014, de 30 de maio e ao Procedimento Especial de Despejo[149] instituído pela Lei n.º 31/2012, de 14 de agosto.[150]

---

[148] Nos termos do art. 1º do predito diploma "O procedimento extrajudicial pré-executivo é um procedimento de natureza facultativa que se destina, entre outras finalidades expressamente previstas na presente lei, à identificação de bens penhoráveis através da disponibilização de informação e consulta às bases de dados de acesso direto eletrónico." Na maioria dos casos o que se pretende é a obtenção de uma certidão por exigência da administração fiscal atestando que o exequente nada recebera em virtude de não lhe terem sido encontrados bens suscetíveis de penhora. O escopo deste processo não ofende os pressupostos do PER, aplicando-se a suspensão por força do art. 17º-E, n.º 1, após a convolação do procedimento em processo de execução, nos termos do art. 11º, n.º 1, al. a). Para mais desenvolvimentos vide JOSÉ HENRIQUE DELGADO DE CARVALHO, Ação..., pp. 309-332.

[149] O Procedimento Especial de Despejo consiste num meio processual que se destina a efetivar a cessação do arrendamento, independentemente do fim a que se destina, quando o arrendatário não desocupe o locado na data prevista na lei ou na data fixada por convenção entre as partes. Apesar de poder comportar uma fase tendente à desocupação do locado, este é um processo extrajudicial, não é uma ação, não se inserido no âmbito de aplicação do art. 17º-E, n.º 1. O devedor poderá sempre defender-se opondo-se à pretensão no prazo de 15 dias a contar da sua notificação, nos termos do art. 15º-F. O art. 15º-J, n.º5, refere que "o título para desocupação do locado, quando tenha sido efetuado o pedido de pagamento das rendas, encargos ou despesas em atraso, e a decisão judicial que condene o requerido no pagamento daqueles constituem título executivo para pagamento de quantia certa", suspendendo-se a ação quando tal ocorra por consubstanciar uma ação para cobrança de dívidas.

Por fim, considera-se, igualmente, que as convenções de mediação e de arbitragem não se incluem no âmbito de aplicação do normativo em causa (art. 17º-E, n.º 1) pois apesar de os acordos poderem ter força executória aplica-se o discurso desenvolvido até então que estabelece como ditame a possibilidade de obtenção de títulos executivos.[151] O que o postulado no art. 17º-E, n.º 1, proíbe é a instauração da ação executiva respetiva durante a pendência do PER em virtude de ser uma *"ação para cobrança de dívidas"*.[152]

1.4. Providências Cautelares

No seguimento das conclusões aduzidas nos pontos anteriores, ressalta a questão de saber se as providências cautelares são consideradas *"ações para*

---

[150] A nível doutrinário, ISABEL ALEXANDRE, *Efeitos...*, p. 242, refere que o legislador português faz apenas referência a ações judiciais, ao contrário do que ocorre com o legislador norte-americano, no qual a *automatic say* além das ações judiciais, também "implica a paralisação de outros procedimentos contra o devedor, como por exemplo despejos extrajudiciais."

[151] Tais conclusões resultam do art. 9º da Lei n.º 20/2013, de 19 de abril, que regula a mediação em Portugal e da Lei n.º 63/2010, de 14 de dezembro que aprova a lei da arbitragem voluntária e estabelece que os tribunais arbitrais não têm competência executiva nem em relação à sentença arbitral, nem em relação às providências cautelares. Para mais desenvolvimentos *vide* MARIANA FRANÇA GOUVEIA, *Curso...*; JOSÉ LEBRE DE FREITAS, *Algumas...*; MANUEL PEREIRA BARROCAS, *Manual...*,

[152] Os desenvolvimentos tecidos no presente ponto aplicam-se a todas as formas de resolução alternativa de litígios.

cobrança de dívidas" na aceção do art. 17º-E, n.º 1, ficando sujeitas aos efeitos decorrentes do dispositivo legal.

O elemento literal conduz-nos à exclusão das providências cautelares do âmbito do art. 17º-E, n.º 1, pois a única referência legal prende-se com a expressão "*ações para cobrança de dívidas*", não sendo, uma providência cautelar, uma ação.

Todavia, existe doutrina que interpreta extensivamente o preceito, acabando por concluir que a suspensão do predito artigo abrange "quaisquer diligências ou providências que atinjam os bens do devedor (exemplo: medidas cautelares, penhoras, pagamentos ao exequente, etc.).[153] Este entendimento resulta, também, da aplicação subsidiária do art. 88º relativo ao processo de insolvência, do qual resulta que "a declaração de insolvência determina a suspensão de quaisquer diligências executivas ou *providências requeridas* pelos credores da insolvência que atinjam os bens integrantes da massa insolvente".

Neste âmbito cumpre, também, referir que rejeitamos a aplicação subsidiária do art. 88º ao art. 17º-E, n.º 1. Isto, porque, o PER é um processo autónomo do processo de insolvência, aplicando-se subsidiariamente as disposições relativas ao processo de insolvência apenas quando não exista uma norma no âmbito do PER que regule a situação em causa,

---

[153] Luís M. Martins, *Recuperação....*, p. 53.Neste sentido, Luís Menezes Leitão, *Direito....* 5ª Ed., 2013, p. 158; Luís A. Carvalho Fernandes/João Labareda, *Código...*, pp. 164-165.

e apenas quando a norma em causa salvaguarde os pressupostos e a *ratio* do PER.[154] Assim, existindo uma norma que consagra especificamente o regime aplicável ao PER – art. 17º-E, n.º 1, – não deve o intérprete aplicar subsidiariamente uma norma do processo de insolvência.

Ao invés da aplicação subsidiária, a distinção dos preceitos deve potenciar uma interpretação conforme a tal disparidade, não devendo ser ignorada pelo intérprete já que ambas as normas constam do CIRE, não tendo, por isso, o legislador como desconhecer o conteúdo do art. 88º. Deste modo, deve-se entender que as providências foram retiradas propositadamente do art. 17º-E, não devendo por isso ser sujeitas a este regime.

Aliado ao argumento literal, não se pode entender que as providências cautelares tenham como finalidade cobrar uma dívida. A proposição de providências cautelares visa, apenas, evitar a lesão grave proveniente da demora da tutela.[155]

---

[154] Tendo em conta as considerações feitas em torno da aplicação subsidiária das disposições do processo de insolvência ao PER constantes no capítulo I, ponto 4.

[155] "A função específica deste tipo de atividade jurisdicional consiste em prevenir os perigos que, antes da propositura de uma ação ou durante o tempo em que esta se encontra pendente, possam comprometer os seus resultados, regular provisoriamente o conflito de interesses até ser lograda a composição definitiva, ou, inclusivamente, em antecipar a realização dos efeitos jurídicos e do direito que previsivelmente poderá vir a ser reconhecido na ação." (Cfr. J. P. REMÉDIO MARQUES, *Ação Declarativa...*, 2ª Ed., p. 138).

Na realidade, durante a fase negocial do PER, os credores estão impedidos de propor ações executivas contra o devedor, mas não vem prevista a suspensão do exercício de quaisquer direitos protetores de créditos, qualquer que seja a sua natureza e âmbito. Deste modo, deve-se entender que os credores podem acionar os meios preventivos de tutela dos seus direitos, verificados que estejam os seus requisitos.

Assim, em correspondência ao elemento literal não restam dúvidas que as providências cautelares não são *"ações para cobrança de dívidas"*. Mas, em termos materiais a resposta não é assim tão clara. O facto de o devedor não dispor livremente dos bens não impede a gestão normal da sua atividade económica e não obsta a finalidade do PER?[156] E quanto às providências cautelares com decisão definitiva do litígio?

Efetivamente, a resposta não deverá ser dada de forma genérica, devendo, ao invés ser construída casuisticamente e atendendo ao tipo de providência em causa e, bem assim, aos fundamentos concretos invocados por cada uma das partes interessadas, tendo sempre por base o princípio de que o primordial escopo do PER não será, como sucede no processo de insolvência, a satisfação dos interesses dos credores, mas sim a revitalização do devedor. Assim, quando o juiz anteveja que do decretamento resulte a insusceptibilidade de recuperação do devedor, deverá

---

[156] O arresto que tenha como objeto bens imprescindíveis à possibilidade de recuperação do devedor não contrariam a *ratio* do PER?

recusá-la, sob pena de contrariar e inutilizar todos os esforços de revitalização.

Por seu turno, excluir genericamente qualquer providência cautelar configuraria uma violação do direito de acesso ao direito e à tutela jurisdicional efetiva.[157] Quando um credor se encontre na situação descrita no art. 362º do CPC, não se vê razão suficiente para que os credores não acautelem os seus direitos pelos mecanismos que a lei dispõe.

A solução que melhor protege os interesses em causa está dependente de uma ponderação casuística que deve ser feita pelo juiz, devendo este apenas decretar a providência quando "se mostre suficientemente fundado o receio da sua lesão"[158]. A este nível, releva, ainda, o art. 368º, n.º 2, do CPC, de onde resulta que o juiz deve recusar o decretamento da providência quando desta resultem danos que excedem consideravelmente os danos que o requerente pretende evitar. Entende-se, assim, que o juiz deve ponderar qual a melhor forma de salvaguardar os interesses em causa – por um lado, assegurar os direitos do credor ou por outro garantir a recuperação do devedor. A par disto conote-se que os danos se repercutirão para todos os credores do devedor provenientes do término do PER e da eventual, e quase inevitável, insolvência[159].

---

[157] Sobre este ponto relevam as considerações feitas no capítulo referente às ações declarativas.
[158] Cfr. art. 368º, n.º 1 do CPC.
[159] Tem relevância neste ponto o papel social do PER: "um dos principais objetivos de política económica do XIX Governo Constitucional

No presente estudo, é importante a distinção das providências cautelares quanto à sua finalidade porque tanto a doutrina como a jurisprudência têm admitido diferentes soluções, quanto à inclusão de procedimentos cautelares como "*ações para cobrança de dívidas*" no âmbito do art. 17º-E, n.º 1, consoante estejam em causa procedimentos cautelares antecipatórios ou conservatórios.

1.4.1. Providências cautelares conservatórias

O decretamento de providências cautelares conservatórias não consubstancia uma "*ação para cobranças de dívidas*" pois não se pretende realizar coativamente o direito, mas sim "assegurar a permanência da situação existente à época em que o conflito de interesses foi desencadeado ou quando se verificou a situação de *periculum in mora*."[160]

Deste modo, as providências cautelares de conservação não consubstanciam "*ações para cobrança de dívidas*" e não perigam, à partida, a suscetibilidade de recuperação do devedor na medida em que o que se pretende é conservar os bens para que o credor não perca a sua garantia patrimonial.

Não obstante, as providências cautelares conservatórias não deixam de "acarretar uma grande inge-

---

consiste na criação de apoios e incentivos à reestruturação e revitalização do tecido empresarial, dadas as externalidades positivas que promove." (Cfr. RCM n.º 11/2012).

[160] Cfr. J. P. REMÉDIO MARQUES, *Ação Declarativa...*, p. 163.

rência na esfera jurídica do requerido, desde logo pelo facto de implicarem a privação da livre disposição dos bens apreendidos."[161]

Assim, o facto de o devedor estar em PER obriga o juiz a ponderar os interesses e as repercussões do decretamento da providência em causa, podendo existir casos em que o juiz entenda que um arresto,[162] por exemplo, invalidará qualquer possibilidade de recuperação do devedor, recusando o seu decretamento. Assim, aplica-se às providências cautelares conservatórias o defendido *supra* pois há-que reconhecer que existem situações limite que, por essa razão, são merecedoras de tutela.[163]

---

[161] MARCO CARVALHO GONÇALVES, *Providências...*, p. 96. Acrescenta o AUTOR que "a providência cautelar ganha caraterísticas do processo executivo (...) que culmina com a obtenção de um título executivo provisório que visa tão-só a garantia do direito do requerente e não também a sua satisfação."

[162] "O arresto consiste assim na apreensão, por parte de um agente de execução, de bens (penhoráveis) do devedor ou de bens que foram por este transmitidos a um terceiro (artigos 407º/2 e 619º/2 do Código Civil). Este procedimento é normalmente promovido na dependência de uma ação condenatória." (Cfr. J. P. REMÉDIO MARQUES, *Ação Declarativa...*, p. 164). Sobre o arresto *vide* SALVADOR DA COSTA, *O Concurso...*, pp. 7-15.

[163] ISABEL ALEXANDRE, *Efeitos...*, p. 247, entende que quanto aos arrestos e arrolamentos parece que a proibição de instauração ainda os abrange por analogia ao processo de insolvência. Rejeitamos tal interpretação, tal como rejeitamos a aplicação subsidiária do art. 88º ao PER como defendido *supra*.

1.4.2. Providências cautelares antecipatórias

As providências cautelares antecipatórias pretendem obter antecipadamente os efeitos que irão previsivelmente decorrer da ação principal.

Existe, assim, uma corrente doutrinária e jurisprudencial que tem entendido que apenas os procedimentos cautelares antecipatórios se integram na visão do art. 17º-E, n.º 1, quando antecipem os efeitos de uma ação que pela sua natureza seja uma *"ação para cobrança de dívidas"*.

Em matéria cautelar, a Lei n.º 4/2013, de 26 de junho, que instituiu o denominado Novo Código de Processo Civil, implementou a inversão do contraditório, conduzindo a que a providência decretada se consolide como definitiva composição do litígio, nos casos em que a matéria adquirida no procedimento permita ao juiz formar convicção segura acerca da existência do direito acautelado e se a natureza da providência decretada for adequada a realizar a composição definitiva do litígio.[164] Assim, nos casos em que o requerido não impugne, através da propositura de ação principal, a existência do direito acautelado,

---

[164] Deste modo, o campo privilegiado de aplicação da inversão do contencioso é o das providências cautelares antecipatórias, ou seja, a viabilidade prática desse regime "depende da circunstância de a tutela que é solicitada na providência cautelar poder ser obtida como tutela definitiva numa ação declarativa." (Cfr. MARCO CARVALHO GONÇALVES, *Providências...*, p. 166).

seguindo o regime consagrado no art. 371º do CPC, a providência forma caso julgado material.[165]

O DL n.º 149/95, de 24 de julho, referente ao regime jurídico do contrato de locação financeira, consagra no seu art. 21º uma providência de entrega judicial que revela uma evidente demonstração do efeito antecipatório fomentado pelas medidas cautelares. Em relação a este regime específico, o TRL nos acórdãos de 31-10-2013[166] e de 21-11-2013 incluiu as providências cautelares antecipatórias na previsão do art. 17º-E, n.º 1, pois entendeu que "comportando o procedimento cautelar ainda um juízo definitivo sobre a causa principal, tem o mesmo também uma finalidade de cobrança de dívidas, resultante do alegado incumprimento do contrato de locação finan-

---

[165] De acordo com o art. 376º, n.º 4, o regime de inversão do contencioso é aplicável, à restituição provisória da posse, à suspensão de deliberações sociais, aos alimentos provisórios, ao embargo de obra nova, bem como às demais providências previstas em legislação avulsa cuja natureza permita realizar a composição definitiva do litígio (providência constante no art. 121º do CPTA; no art. 16º do Regime Experimental (DL n.º 108/2006, de 8 de junho) e ao art. 21º, n.º 7 do DL n.º 149/95, de 24 de julho (regula o contrato da locação financeira)).

[166] Refere o TRL neste Ac.: "A pendência de PER do devedor instaurado depois da propositura de um procedimento cautelar de entrega judicial de bem locado com julgamento definitivo da causa ao abrigo do disposto no artigo 21º do Decreto-Lei n.º 149/95 de 24 de junho deve implicar a suspensão desse procedimento ao abrigo do disposto no art. 279º/1 parte final do CPC, do modo a obviar a atos que venham a ter repercussões negativas relativamente à obtenção dos consensos necessários à viabilização do devedor, para se evitar, tanto quanto possível, a sua insolvência."

ceira mobiliário, por falta do pagamento das rendas acordadas."[167]

Neste âmbito, acompanhamos o entendimento de NUNO SALAZAR CASANOVA E DAVID SEQUEIRA DINIS que excluem do âmbito de aplicação do art. 17º-E, n.º 1, a generalidade dos procedimentos cautelares com a ressalva dos procedimentos cautelares antecipatórios de uma ação sujeita ao regime do sobredito artigo, entendendo-se que nestes casos *"o procedimento cautelar em causa será afetado pela previsão do artigo 17º-E, n.º 1."*[168]

1.5. Diligências extrajudiciais

Da leitura do art. 17º-E, n.º 1, resulta que a lei apenas afasta o recurso a ações judiciais contra a devedora para cobrança de dívidas e suspende as ações pendentes com idêntica finalidade. Por efeito, o termo *"ações"* corresponde a ações judiciais passíveis de perturbar, atentas as dificuldades económico-financeiras da empresa, a possibilidade de recuperação do devedor.

---

[167] O TRL no Ac. de 20-02-2014 concluiu que "improcede providência cautelar de entrega judicial assente em resolução de contrato de locação financeira operada na pendência de processo de revitalização da locatária, quando tal resolução é contrária ao princípio da boa-fé a que o devedor e os credores estão sujeitos no decurso do processo de revitalização."

[168] *O Processo...* pp. 103-104, com a ressalva de, ao contrário dos AUTORES, entendermos que são ações para cobrança de dívidas todas as ações executivas e não apenas as ações executivas para pagamento de quantia certa.

Assim, estão excluídos do âmbito de aplicação da norma os atos de índole extrajudicial, nomeadamente atos contratualmente previstos. Em consonância, a nível doutrinário ISABEL ALEXANDRE invoca que os atos jurídicos extrajudiciais não estão abrangidos por não terem qualquer assento na letra do art. 17º-E, n.º 1, do CIRE.[169]

Todavia, há quem rejeite esta interpretação, apelando a uma interpretação extensiva do art. 17º-E, n.º 1, com fundamento na impossibilidade de afetação do património do devedor por ato unilateral de terceiros, mesmo que contratual e previamente autorizado, por tal ser suscetível de inviabilizar a recuperação do devedor, contrariando a *ratio legis* do processo, apelando à interpretação da norma em desígnio no sentido de abranger todas as situações, ainda que extrajudiciais, em que a cobrança de dívidas ocorre sem a manifestação casuística da vontade do devedor em pagar.[170]

---

[169] *Efeitos...*, p. 247
[170] Neste sentido, apesar de LUÍS M. MARTINS, *Recuperação...* p. 53, concordar que o legislador foi mais longe na redação do art. 88º em relação ao processo de insolvência, com a previsão expressa da suspensão de *"quaisquer diligências executivas ou providências"*, o AUTOR defende que "apesar de a lei não o referir, também no PER se deve entender que a suspensão abrange (...) quaisquer diligências ou providências que atinjam os bens do devedor, sob pena de inviabilizar o procedimento." Este entendimento vai ao encontro do regime instituído pela *automatic stay* norte-americana. No entanto, o legislador português parece ter sido mais comedido tal como os legisladores europeus que

Em termos materiais levantam-se os mesmos problemas referidos quanto às providências cautelares, ou seja, apesar de o elemento literal excluir estes atos do âmbito da norma, podem existir situações em que tais atos sejam suscetíveis de inviabilizar a recuperação do devedor.

Contudo, e apesar do respeito pelos argumentos apresentados, nomeadamente a proteção da *ratio* do PER e a ideia de que qualquer ato ou meio que seja suscetível de dissipar a possibilidade de recuperação do devedor deve ser sujeito ao regime do art. 17º-E, n.º 1, por contrariar o propósito revitalizador do processo, entendemos que tal interpretação não deve ser atendida.

Como foi anteriormente referido tudo indica que o legislador não pretendeu conferir ao art. 17º-E, n.º 1, o mesmo alcance dado ao art. 88º, levando-nos, a interpretação literal, a concluir que estão excluídos os atos extrajudiciais do âmbito do predito artigo.[171]

Nesta medida, a paralisação de qualquer ato ou procedimento que pudesse atingir o património do devedor e inviabilizar a recuperação do devedor seria excessivo. Seguindo tal entendimento, até a simples execução de um contrato ou o corte de fornecimento de bens pode ser suscetível de inviabilizar a recuperação do devedor. Colocar este tipo de diligências ao abrigo do art. 17º-E, n.º 1, é acrescentar algo à lei

---

não restringem os direitos dos credores quanto a atos extrajudiciais (*v.g.* italiano, alemão, espanhol).
[171] Cfr. Isabel Alexandre, *Efeitos...*, p. 247.

e computa um esforço excessivo e desproporcional para os credores, fazendo com que este processo seja especialmente penoso para estes. Assim, terá de existir proporcionalidade na interpretação do direito de modo a que não tenha efeitos devastadores para os credores.

Neste caso, muitos seriam os casos de "*falsa recuperação*", nos quais os devedores recorreriam ao PER para utilizar abusivamente as vantagens que deste advêm, nomeadamente o período de *standstill*, sem que os credores pudessem acautelar as suas garantias e os seus créditos.[172] Assim, entender que o PER permite evitar a resolução dos contratos seria compactuar com o incumprimento continuado do devedor, sendo manifestamente abusivo.

A pendência de um PER não determina, como regra, que a revitalizanda deixe de ter a administração dos bens e direitos de que é titular, nem que o exercício de direitos e o cumprimento de obrigações a que está adstrita, designadamente nos termos contratualmente definidos, fiquem suspensos ou sejam

---

[172] Note-se que, conforme referido no ponto 3.1 do capítulo I, no PER não existe uma verificação dos requisitos de legitimidade do devedor para recorrer ao processo nem estão previstas consequências para a utilização indevida do processo pelo devedor, dependendo, assim, o início do processo, quase unicamente da vontade do devedor e de um único credor, independentemente do montante ou da natureza do seu crédito. Assim, o processo poderá ser facilmente utilizado pelo devedor que não preenche os requisitos, mas que queira gozar do "período de suspensão" concedido pelo processo, prejudicando desproporcionadamente os credores.

modificados.[173] Aliás, o PER é um processo voluntário no qual se prima pela vontade das partes, pretendendo ser benéfico para todos os intervenientes.

Conclui-se que o pagamento de serviços, a execução de contratos, o corte de fornecimento de bens, a execução de garantias ou qualquer ato extrajudicial que mesmo que atinja o património do devedor, não tenha as caraterísticas que iremos de seguida referir, não deve ser sujeito ao regime do artigo 17º-E, n.º 1.

Não é, contudo, de afastar que o exercício desses direitos possa, perante casos e circunstâncias concretas, ser considerado abusivo e, por conseguinte, ilegítimo (art. 344º do CC).[174] Neste âmbito, importa ter em conta que as condições económicas do devedor requerente devem ser tidas em conta pelo credor aderente que, tem especiais deveres de boa-fé para com este quando participa nas negociações segundo o art. 17º-D, n.º 10, que remete para os Prin-

---

[173] Cfr. NUNO SALAZAR CASANOVA/DAVID SEQUEIRA DINIS, *O Processo...* p. 56. Assim, ao invés do processo de insolvência (art. 102º) o PER não consubstancia um fundamento para a modificação e resolução dos contratos, pelo que o devedor em PER continuará sujeito às obrigações contratualmente estabelecidas.

[174] Neste sentido, o TRL no Ac. de 24-02-2015 considerou que a resolução de um contrato precisamente após a devedora ter instaurado um PER por incumprimento contratual ocorrido antes do início daquele processo (4 anos antes) criaria um manifesto desequilíbrio entre as partes e violaria o interesse público subjacente ao PER, na medida em que inviabilizaria uma possível recuperação da devedora, considerando que integra, assim, uma situação de abuso de direito.

cípios Orientadores aprovados pela RCM n.º 43/2011, de 25 de outubro.[175]

Cumpre ressalvar que estes princípios não têm valor normativo,[176] sendo meras orientações de agir.[177] Contudo, estes princípios estão subjacentes ao próprio processo, já que "boa parte desses princípios têm expressão direta no conjunto do normativo que regula o processo e, assim sendo, perdem a natureza de orientação e assumem a de vinculação com o alcance das regras em que se concretizam."[178]

Da leitura conjunta dos art.os 17º-D, n.os 1, 5, 7 e 8 e do art. 17º-F, n.os 1 a 3, a adesão à negociação é facultativa e não prejudica quem nela não participa, devendo, naturalmente, os aderentes privar-se de atos que comprometam as negociações e o acordo final, em razão do princípio da boa-fé.[179]

Nestes termos, os credores não devem praticar atos e diligências que considerem que podem inviabilizar o acordo, pois em última análise, tais deveres devem

---

[175] Influenciados pelo *Statement of Principles for a Global Aproach to Multi- Creditor Workouts*, publicado pela *Insol Internacional.*"

[176] Cfr. art, 112º CRP. *Vide* NUNO MANUEL PINTO OLIVEIRA, *Entre...*

[177] O Primeiro princípio refere que o procedimento extrajudicial corresponde a um compromisso assumido entre o devedor e os credores envolvidos, e não a um direito. E o Quarto Princípio declara que o período de suspensão é uma concessão dos credores envolvidos e não um direito do devedor.

[178] CARVALHO FERNANDES/JOÃO LABAREDA, *Código...*, p. 162.

[179] Dispõe o segundo princípio: "Durante todo o procedimento, as partes devem actuar de boa-fé, na busca de uma solução construtiva que satisfaça todos os envolvidos."

impedir o credor de praticar atos que inviabilizem a recuperação do devedor.[180]

Acresce que o PER tem por base um processo negocial, podendo o devedor e os seus credores, no âmbito da autonomia privada, negociarem as condições de execução dos contratos para que a revitalização do devedor seja um fim viável.

1.5.1. Execução Extrajudicial de garantias

O regime geral das garantias reais estabelece a proibição do pacto comissório por via do art. 694º do CC sendo nula, mesmo que seja anterior ou posterior à constituição da hipoteca, "a convenção pela qual o credor fará sua a coisa onerada no caso de o devedor não cumprir"

Neste capítulo não serão tecidas apreciações dogmáticas acerca da admissibilidade de figuras como o penhor de conta bancária ou da possibilidade de execução extrajudicial de garantias pois requereria um

---

[180] Cfr. NUNO SALAZAR CASANOVA\DAVID SEQUEIRA DINIS, *O Processo...*, p. 88: "A violação destes princípios pode gerar responsabilidade civil. Perante a violação destes princípios, o administrador judicial provisório pode excluir um ou mais intervenientes das negociações, e – perante um incumprimento generalizado que atente contra o fim do PER de forma irremediável – deve encerrar o processo." Por sua vez, NUNO MANUEL PINTO OLIVEIRA, *Responsabilidade...*, pp. 153-188, considera que "o credor ou o devedor que viole o dever de cooperação construtiva na (re)negociação do contrato, adotando um comportamento obstrutivo de um acordo ou de uma possibilidade de acordo razoável, deverá responder pelo dano da perda de uma chance de revitalização."

estudo aprofundado que não seria pertinente tendo em conta o foco do presente estudo.[181]

Assim o ensaio passará pelo estudo das garantias passiveis de execução extrajudicial – neste caso vai ser estudado especificamente o penhor financeiro – cujas considerações acerca da compatibilização de tal regime com o PER se estenderão a todas as garantias que se entendam admissíveis de execução extrajudicial.

O DL n.º 105/2004, de 8 de maio,[182] consagra o contrato de garantia financeira que em traços gerais MENEZES CORDEIRO[183] define como "uma garantia real, sob a forma de penhor, de fidúcia ou de reporte, concluída entre uma instituição de crédito ou entidade para o efeito equiparada a uma pessoa coletiva, destinada a assegurar obrigações pecuniárias ou instrumentos financeiros, que recaiam sobre "numerário" e que as partes tenham decidido submeter a um regime financeiro especial, legalmente previsto."

Em relação ao penhor financeiro,[184] uma das novidades mais significativas do diploma corresponde à

---

[181] Sobre a figura do penhor de conta bancária *vide* MENEZES CORDEIRO, *Manual...*, 4ª Ed., p. 727-728.

[182] Transpõe para a ordem jurídica a Diretiva n.º 2002/47/CE, do Parlamento Europeu e do Conselho, de 6 de junho, relativa aos acordos de garantia financeira.

[183] MENEZES CORDEIRO, *Manual...*, p. 732.

[184] "Chamar-lhe-emos, tecnicamente, um penhor irregular: um penhor em que o titular da garantia pode alienar ou onerar o objeto da garantia, independentemente de qualquer incumprimento, devendo entregar o equivalente." (MENEZES CORDEIRO, *Manual...*, p. 747).

aceitação do pacto comissório, com desvio à regra consagrada no art. 694º do CC. Assim, quando tal for previamente acordado, admite-se a possibilidade de execução da garantia por apropriação do objeto desta, ficando obrigado a restituir o montante correspondente à diferença entre o valor da garantia e o montante da dívida.[185]

Os art.os 12º e 15º, sendo prerrogativa comum para todas as modalidades dos acordos de garantia financeira, dispõem que as partes podem convencionar o vencimento antecipado da obrigação de restituição do beneficiário da garantia e o cumprimento da mesma por compensação, caso ocorra um facto que desencadeie a execução.

A conciliação do regime estabelecido no predito diploma com o regime do PER encarna mais um dos exemplos dos atos que se encontram formalmente fora do âmbito do art. 17º-E, n.º 1, pois a execução da garantia foi contratualmente fixada pelas partes e o que norteia este processo é a manutenção da "normalidade" empresarial, com o regular funcionamento da atividade, o que incluí a "normal" execução dos contratos.[186]

Sobre o penhor financeiro *vide* PEDRO ROMANO MARTINEZ, *Direito...*, pp. 299-315.

[185] Art. 11º n.os 1 e 2. Neste sentido, *vide* SALVADOR DA COSTA, *Concurso...*, pp. 59-60.

[186] Cfr. PEDRO ROMANO MARTINEZ, *Direito...*, p. 318, mesmo em relação ao regime insolvencial o credor pignoratício poderá, fora do concurso insolvencial, executar a garantia se tal tiver sido convencionado

Na verdade, o PER é um processo de cariz voluntário, tendo os credores de ter interesse em participar no PER, dando uma oportunidade para o devedor se revitalizar. Se o processo se tornar especialmente moroso para estes, perdendo as garantias e o contratualmente fixado, muito dificilmente irão ter interesse na procedência do processo, votando negativamente para que este não produza efeitos ou pedindo o seu encerramento antecipado.[187]

Ademais, o art. 20º reforça tal entendimento na medida em que dispõe que o vencimento antecipado e a compensação não são prejudicados pela abertura ou prossecução de um processo de insolvência ou pela adoção de medidas de saneamento relativamente ao prestador ou beneficiário da garantia.[188] Mais uma vez esta norma parece ser aplicável ao PER na medida em que este processo visa incitar a recuperação do devedor, impondo várias medidas de saneamento.

Em todo o caso, indo ao encontro do supra referido nos pontos anteriores há sempre que ressalvar que o PER tem um forte cariz negocial, podendo, no âmbito da autonomia privada, o devedor negociar com os seus credores fornecendo alternativas viáveis

---

pelas partes. Neste sentido, João LABAREDA, *Contrato...* pp. 101-119. Assim, deverá adotar-se o mesmo em regime em relação ao PER já que, neste processo, o devedor deverá manter o normal desenrolar dos negócios jurídicos e das garantias que lhes servem de base.

[187] Art. 17º-G, n.º 1.
[188] O Art. 16º, n.º 3, do CIRE reforça o conteúdo desta norma.

para que os credores não sigam pela via da execução das garantias.

Assumem, também, neste caso grande importância as explicitações aduzidas em torno dos especiais deveres de boa-fé preconizados pelos Princípios Orientadores, aplicando-se, com as necessárias adaptações, as conclusões aduzidas no ponto 1.5 relativo às diligências extrajudiciais.

1.5.2. Compensação

Uma questão relevante neste âmbito, que merece destaque principalmente pela sua relevância na atividade bancária, é a admissibilidade de compensação de créditos durante a pendência de um PER.

É de notar que nas relações bancárias a possibilidade de recurso à compensação e o modo pelo qual esta atuará, enquanto forma de extinção das obrigações recíprocas entre o banco e o seu cliente, encontra-se normalmente prevista nas cláusulas que incorporam o contrato de abertura de conta,[189] aplicando-se, no campo bancário, a compensação convencional.[190]

---

[189] O art. 346.º, n.º 3, do CCom alude à compensação como um dos efeitos da conta-corrente comum.

[190] A compensação convencional permite que a compensação opere em casos que não estejam verificados todos os requisitos da compensação legal. Cfr. MENEZES CORDEIRO, *Da Compensação...* p. 243; ANTÓNIO MENEZES CORDEIRO, *Depósito...*, p. 90, "o banqueiro pode, livremente, ajustar com o seu cliente a realização de operações de compensação fora de quaisquer requisitos legais: com a ressalva, todavia, das regras imperativas que, porventura, possam ocorrer."

Neste âmbito, cumpre, ainda, referir a compensação em conta-corrente. "Um dos elementos básicos da conta-corrente é, precisamente, o fluxo contínuo de compensações que permite, em cada momento, disponibilizar um saldo."[191] Apesar de ter um regime diferenciado, não deixa de ser compensação.[192]

Conforme resulta do exposto nos pontos *supra*, reiterando os argumentos aduzidos, o elemento literal conduz-nos à delimitação do conceito *"ações para cobrança de dívidas"* apenas a ações de índole judicial, estando excluídas do âmbito da norma a execução dos contratos bem como todas as formas de extinção extrajudicial das obrigações.

Deste modo, rejeitamos uma interpretação extensiva do art. 17º-E, n.º 1, defendida por parte da doutrina com fundamento no princípio de que o património do devedor não pode ser afetado por ato unilateral de terceiros, mesmo que contratual e previamente autorizado.[193]

Contudo, torna-se relevante aferir se a compensação comporta um ato que prejudica o bom termo do processo de negociação, que coloca em risco a viabilidade económica e financeira da empresa ou que torna inútil um acordo, ficando sujeita, por esta razão, ao *standstill*.

---

[191] ANTÓNIO MENEZES CORDEIRO, *Depósito...*, p. 92.
[192] Cfr. art. 364º, n.º 3 Ccom.
[193] *Vide* argumentação tecida no ponto 1.5 relativa às diligências extrajudiciais.

A compensação tem, por base, duas principais funções: simplificar os pagamentos e garantir o cumprimento da obrigação sem depender da capacidade creditícia do devedor.[194] Assume, assim, um papel relevante em situações de dificuldades económicas do devedor.

Apesar de a compensação em termos práticos permitir ao credor o ressarcimento do seu crédito durante o *standstill*, ao contrário dos restantes credores que vêm os seus direitos de ação limitados, o traço distintivo do PER passa pela manutenção da gestão e administração da atividade a cargo do devedor.[195] Deste modo, aplicando-se as conclusões aduzidas no ponto referente às diligências extrajudiciais, deve-se entender que se mantém incólume o contratualmente fixado, estando impedidas de prosseguir apenas as ações executivas.[196]

---

[194] ANA SOFIA SILVA, *Da oponibilidade...*, p. 70. Conforme refere a AUTORA a compensação é um "mecanismo autosatisfativo, na medida em que cria uma posição privilegiada do credor que a ela possa recorrer face aos demais credores do devedor que não possam fazê-lo." (p. 79)

[195] Neste âmbito cumpre aclarar que o art. 853º, n.º 2, que se prende com a exclusão da compensação em caso de prejuízo de terceiros não se aplica no caso de credores do PER que vêm o crédito de outro credor a ser excluído em virtude da compensação. Como explica MENEZES CORDEIRO, *Da Compensação...* p. 143, "o prejuízo de terceiro implica, naturalmente, que o terceiro em causa tenha um direito sobre a própria prestação de cuja extinção se trate."

[196] Cfr. ANTUNES VARELA, *Das Obrigações...*, vol. II, 7ª Ed., pp. 227-228, a compensação contratual ou voluntária não pode ser validamente contestada "em face do princípio básico da liberdade contratual e da

CAPÍTULO II - O EFEITO DE STANDSTILL - ÂMBITO OBJETIVO

Ampara, ainda, este entendimento o facto de a compensação não comportar um aumento do passivo do devedor, na medida em que, em termos contabilísticos a situação patrimonial líquida do devedor não se altera. Assim, o PER não impede a ocorrência de causas de extinção do vínculo obrigacional, ficando também a revitalizanda, desde logo, ressarcida da dívida do credor, o que consubstancia uma vantagem para esta.

Conforme referido no início do presente estudo a consensualidade é uma caraterística intrínseca ao PER já que o sucesso deste processo está dependente do acordo dos credores, podendo por isso, no âmbito da autonomia privada, o devedor conseguir acordar diferentes condições para a compensação dos créditos, ou excecionar certas compensações que assumam importância na recuperação do devedor.

Em relação à compensação legal, esta permite que no caso de duas pessoas serem reciprocamente credor e devedor, qualquer uma delas se possa livrar da sua obrigação através da compensação com a obrigação do seu credor.[197] No entanto, para que essa compensação seja possível, é necessário que estejam preenchidos os requisitos previstos no art. 847º, n.º 1, do CC, que correspondem à reciprocidade, à fungibilidade e à exigibilidade dos créditos compensados.

não existência de quaisquer razões de interesse e de ordem pública que sejam forçosamente violadas por semelhante convenção."
[197] Art. 847º CC. Sobre o regime da compensação *vide* MÁRIO JÚLIO DE ALMEIDA COSTA, *Direito...*, pp. 1099-1110.

O art. 99º do CIRE admite a possibilidade de compensação no âmbito do processo de insolvência, impondo, contudo, requisitos próprios. Contudo, face à diferenciação do desígnio principal visado quer pelo processo de insolvência quer pelo PER, recusamos a aplicação analógica do art. 99.º, não existindo qualquer referência ou similaridade que indicie a pretensa aplicação do predito artigo.

Assim, a exclusão da compensação legal do âmbito de aplicação do art. 17º-E, n.º 1, dá-se em virtude não da aplicação analógica do art. 99º, mas dos argumentos aduzidos ao longo do presente ponto, com as necessárias adaptações, nomeadamente o caráter extrajudicial da compensação, o facto de manter inalterada a situação patrimonial e o facto de o PER não obstar à extinção das obrigações nos termos gerais.

Capítulo III
A delimitação temporal do *standstill*

Como vimos anteriormente e tem sido em grande parte o foco deste estudo, o devedor beneficia de um período – *standstill* – que o protege da instauração de *"ações para cobrança de dívidas"* e suspende as ações com idêntica finalidade, segundo o art. 17º-E, n.º 1.

A delimitação temporal do "escudo protetor" conferido pelo sobredito artigo assume uma importância ímpar, pois como vimos, as conquistas revitalizadoras do PER estão muito cimentadas nesta norma.

Sobre esta contenda, o art. 17º-E, n.º 1, refere-nos que o período de *standstill* se inicia com o despacho de nomeação do AJP (art. 17º-C, n.º 3, al. a)) e que permanece *"durante todo o tempo em que perdurarem as negociações"*.[198] Este prazo é estabelecido pelo art. 17º-D, n.º 5, que expressa que "os declarantes dispõem do prazo de dois meses para concluir as negociações

---

[198] Art. 17º-E, n.º 1.

encetadas, o qual pode ser prorrogado, por uma só vez e por um mês".[199]

Do elemento literal resulta, assim, que o *standstill* terminará quando findarem as negociações. Contudo, tal conclusão não se afigura suficiente para sustentar a finalidade revitalizadora do PER.

A este propósito, tem de se entender que o período de *standstill* vigora até ao início da produção de efeitos do plano de recuperação, sob pena de os credores agirem judicialmente contra o devedor com vista a cobrarem os seus créditos, obstando a recuperação do devedor e inviabilizando todos os esforços negociais.

Isto, porque, caso se entenda que o *standstill* finda com o término do prazo para negociações, os credores poderiam executar os devedores no período entre o fim das negociações e a produção de efeitos do plano de recuperação, pois por um lado o plano ainda não produz efeitos e por outro já não está sob a alçada do art. 17º-E, n.º 1. Tal inviabilizaria a *ratio* do PER pois bastaria, por exemplo, uma penhora para eliminar qualquer hipótese de recuperação do devedor.

1.1. A Homologação como condição de eficácia do plano

Neste ponto, importa aferir a partir de que momento é que o plano de recuperação produz efei-

---

[199] O prazo de negociação inicia-se com o fim do prazo para as impugnações da lista provisória de créditos (art. 17º-F, n.º 5). Sobre o período de negociações *vide* o capítulo I, ponto 3.3.

tos, pois conforme resulta do ponto anterior este será o momento em que deverá findar o período *standstill*.

Como o título do presente ponto indicia, a produção de efeitos do sobredito plano inicia-se com a notificação da sentença homologatória, conforme resulta do postulado no art. 17º-F, n.º 1, que dispõe que nos casos de aprovação unânime do plano este deve ser de imediato remetido ao processo para homologação ou recusa pelo juiz, "produzindo tal plano de recuperação, em caso de homologação, *de imediato*, os seus efeitos." Apesar de o art. 17º-F, n.º 2, respeitante à aprovação não unânime do plano não o referir expressamente, terá de se aplicar o mesmo regime.[200]

O facto de o plano de recuperação ser aprovado por unanimidade não significa que este tenha eficácia imediata, carecendo igualmente de homologação judicial na qual o tribunal apreciará a legalidade do plano, funcionando a homologação como uma verdadeira condição de eficácia do plano.[201/202]

---

[200] *Vide* ANA PRATA\JORGE MORAIS CARVALHO\RUI SIMÕES, *Código...*, p. 253: "o plano de recuperação inicia a produção de efeitos com a homologação"

[201] Cfr. NUNO SALAZAR CASANOVA\DAVID SEQUEIRA DINIS, *O Processo...*, p. 129: "Só após a homologação judicial poderá o plano produzir os seus efeitos."

[202] *Vide* Ac. do TRC de 01-04-2014 e o Ac. do TRC de 09-09-2014:" Conforme resulta do teor do art. 217º do CIRE a homologação do plano de insolvência aprovado em assembleia de credores constitui um requisito indispensável à sua eficácia, sendo ainda condição necessária e suficiente para que o mesmo produza certos efeitos. Ou seja, é a homologação do plano de insolvência que lhe confere um carácter

Assim, deve-se entender que os efeitos processuais e substantivos decorrentes do art. 17º-E, n.º 1, vigoram até este momento, ou seja, até à sentença de homologação do plano de recuperação.[203] Por efeito, salvaguarda-se a *ratio* do processo, pois a partir deste momento aplicar-se-ão as condições aduzidas no plano de recuperação, não podendo os credores agir contra os devedores em desrespeito ao estabelecido no plano.[204]

A homologação do plano de recuperação dá-se nos dez dias seguintes à receção da documentação mencionada no art. 17º-F, n.º 1, podendo ser proferida logo no dia seguinte. Assim, apreendemos que o legislador não percecionou este problema por ter condicionado um prazo muito curto para a homologação do plano. Todavia, a questão efetivamente coloca-se pois, na maioria das vezes, este prazo não é respeitado.[205]

---

vinculativo, produzindo-se as alterações dos créditos introduzidas no plano. Assim, mesmo que o plano de insolvência possa ser perfeito em si mesmo após a sua aprovação por deliberação da assembleia de credores, apenas a sentença homologatória lhe confere a eficácia necessária para a produção de efeitos." Aplica-se o disposto ao PER.

[203] Neste sentido, MARIA DO ROSÁRIO EPIFÂNIO, *O Processo...*, p. 82; NUNO SALAZAR CASANOVA\DAVID SEQUEIRA DINIS, *O Processo...*, pp. 150-151.

[204] O elemento teleológico obriga a tal indagação sob pena de após os credores e o devedor conseguirem chegar a um acordo, este não produzisse os seus efeitos em virtude de uma ação proposta por um credor entre o fim das negociações e a produção de efeitos do plano.

[205] Neste sentido, NUNO SALAZAR CASANOVA\DAVID SEQUEIRA DINIS, *O Processo...*, pp. 106-107.

Por sua vez, o fim do período de *standstill* por via do encerramento do PER nos termos do art. 17º-G, n.º 1 ou n.º 5, opera *ope legis*, significando que apenas depende da verificação das situações descritas na lei para o encerramento dos efeitos preconizados no art. 17º-E, n.º 1, não carecendo de decisão declaratória do encerramento do processo negocial.[206]

1.2. Os efeitos dos recursos interpostos contra a sentença de homologação

Tendo em conta as conclusões aduzidas, torna-se relevante aferir se esta extensão é suficiente, ou, se os efeitos do art. 17º-E, n.º 1, se devem estender até ao trânsito em julgado da sentença homologatória, já que a sentença homologatória poderá, em sede de recurso, vir a ser revogada.

De acordo com o supramencionado, os efeitos do plano de recuperação decorrem automaticamente da notificação da sentença homologatória e não do trânsito em julgado da sentença.[207]

Tal conclusão resulta da aplicação analógica do art. 217º, n.º 1, ao PER, pois como já vimos em situações diversas, as previsões do processo de insolvência são subsidiariamente aplicáveis ao PER quando estas não contrariem a natureza e as finalidades do PER.

---

[206] Cfr. Isabel Alexandre, *Efeitos...*, p. 250.
[207] Neste sentido, Maria do Rosário Epifânio, *O Processo...*, p. 82; Nuno Salazar Casanova; David Sequeira Dinis, *O Processo...*, pp. 150-151.

No caso em apreço, a disposição em questão pretende proteger os mesmos interesses visados pelo PER, sendo o próprio legislador no art. 17º-F, n.º 5, a remeter para a aplicação das regras vigentes em matéria de aprovação e homologação do plano de insolvência, situando-se o art. 217º no título IX a que o legislador faz referência.

Nos termos do art. 14º, n.º 5, também aplicável ao PER "os recursos sobem imediatamente, em separado e com efeito devolutivo." Isto significa, que o plano começa a produzir efeitos a partir da sentença homologatória,[208] podendo estes efeitos ser apenas provisórios, se em sede de recurso a sentença homologatória vier a ser revogada.[209]

Efetivamente, os casos de revogação da sentença homologatória levantam várias questões de ordem prática, principalmente para os credores que negoceiam com o devedor tendo em vista o estipulado no plano. Por esta razão, na prática, os credores de modo a prevenirem estas situações têm vindo a executar o

---

[208] Cfr. CATARINA NUNES FERNANDES, *Efeito*..."O efeito meramente devolutivo significa, tão simplesmente, que interposto o recurso da decisão, esta é, ainda assim, imediatamente exequível na primeira instância, mesmo que de modo provisório. Na essência, permite-se a produção de efeitos jurídicos imediatos ou a execução da decisão."

[209] Como vem referido pelo TRL no Ac. de 08-11-2007: "Interposto recurso com efeito devolutivo, a decisão é imediatamente exequível, não obstando à manutenção dessa exequibilidade a circunstância de o Tribunal da Relação proferir acórdão."

plano apenas depois da sentença homologatória transitar em julgado.[210]

Não obstante, apesar das dificuldades práticas, o plano é automaticamente exequível com a prolação da sentença homologatória, convocando-se "as regras gerais e os princípios da confiança e da boa-fé para sindicar os efeitos da revogação do plano sobre os aludidos negócios."[211]

Deste modo, há-que analisar os efeitos e consequências práticas que advêm da revogação da sentença homologatória.

Em relação à proibição de instauração de *"ações para cobrança de dívidas"* por via do art. 17º-E, n.º 1, não ressaltam problemas de ordem prática. Na verdade, a revogação da sentença homologatória não produz efeitos sobre estas ações pois a proibição expressa no sobredito artigo já tinha cessado com a homologação do plano.

Em relação às ações suspensas ao abrigo do art. 17º-E, n.º 1, a resposta já não é tão clara. Vejamos que nos termos do predito artigo as ações suspensas extinguem-se *"logo que seja aprovado e homologado plano de recuperação, salvo quando este preveja a sua continuação."* Tal facto implica que, nos casos em que o plano de recuperação seja revogado, as ações suspensas que não estavam previstas no plano de recupera-

---

[210] Conclusão adquirida no decorrer do estágio através da análise de consultas.
[211] NUNO SALAZAR CASANOVA/DAVID SEQUEIRA DINIS, *O Processo...*, pp. 151.

ção foram extintas, mas deixou de existir fundamento para a sua extinção.

Como explicam NUNO SALAZAR CASANOVA e DAVID SEQUEIRA DINIS[212], o problema maior está no facto de não ser possível "recuperar" as ações pois o único instrumento que poderia servir este fim seria o instituto da renovação da instância que está apenas expressamente previsto para a obrigação de alimentos ou outras análogas.[213] Não existindo nenhum mecanismo que possibilite tal "recuperação", a única hipótese, seguindo o elemento literal, seria a instauração de novas ações pelos exequentes contra o devedor. Tal consequência "afigura-se chocante se se considerarem os prejuízos que provoca aos interesses dos exequentes (que teriam de recomeçar todo o calvário judicial, podendo mesmo falar-se numa limitação inadmissível do direito constitucional da tutela jurisdicional efetiva) e à economia processual."[214]

Partilhamos a opinião explanada pelos AUTORES, concluindo que apesar de o elemento literal conduzir a diferentes conclusões, não se podem esquecer as consequências que tal medida comporta para as ações suspensas na pendência do PER. Assim, e para acautelar os interesses dos credores, dever-se-á interpretar o preceito no sentido de que as ações suspensas só se extinguem com o trânsito em julgado da sen-

---

[212] *O Processo...*, pp. 107-109.
[213] Art. 282º do CPC.
[214] NUNO SALAZAR CASANOVA e DAVID SEQUEIRA DINIS, *O Processo...*, p. 108

tença homologatória, permanecendo suspensas até este momento.[215]

A jurisprudência já se pronunciou no mesmo sentido, embora invocando fundamentos diferentes que se prendem com a proteção do devedor que deve ser alargada até ao trânsito em julgado da sentença homologatória pelo respeito do propósito revitalizador do PER. O TRL no acórdão de 16-10-2014 concluiu que "a ratio da suspensão das ações para cobrança de dívida no período correspondente «a todo o tempo em que perdurarem as negociações» – devendo estender-se esse período não exatamente até à aprovação e homologação do plano de recuperação, mas até ao trânsito em julgado da sentença homologatória do PER."

Concludentemente, entendemos que não será necessário estender o período de *standstill* até ao trânsito em julgado da sentença homologatória, pois o plano é automaticamente exequível com a prolação da sentença homologatória, aplicando-se o disposto no plano a partir deste momento. Todavia, os casos de recurso da sentença homologatória exigem mais cautela, já que os credores poderão, em virtude do estipulado no plano de recuperação, celebrar contratos e negócios jurídicos tendo em vista a revitalização do devedor, sendo incerto quais os efeitos que uma possível revogação da sentença homologatória surtirá quanto aos aludidos negócios. Por fim, deverá enten-

---

[215] Cfr. NUNO SALAZAR CASANOVA e DAVID SEQUEIRA DINIS, *O Processo...*, p. 109.

der-se que as ações suspensas por via do art. 17º-E, n.º 1, deverão manter-se suspensas, sendo extintas, apenas, aquando o trânsito em julgado da sentença homologatória, salvaguardando os direitos dos credores e o princípio da economia processual.[216]

---

[216] *Vide* sobre este princípio José LEBRE DE FREITAS, *Introdução...*, pp. 203-222.

Capítulo IV
O alcance subjetivo do efeito de *standstill*

Neste âmbito e tendo e conta as conclusões aduzidas nos capítulos anteriores, cumpre estudar o impacto dos efeitos de *standstill* na esfera dos terceiros garantes e dos condevedores.

No presente ponto cumpre perceber se os efeitos expostos no art. 17º-E, n.º 1 – proibição das ações para cobrança de dívidas e a suspensão das ações pendentes com idêntica finalidade – se repercutem aos terceiros garantes e aos condevedores ou se os credores mantêm intacto o direito de ação perante estes.

O elemento literal leva-nos à exclusão dos condevedores e dos terceiros garantes do regime do art. 17º-E, n.º 1, pois a relação material estabelecida é unicamente com o devedor segundo os termos do preceito (o despacho de nomeação do AJP "obsta à instauração de quaisquer ações para cobrança de dívidas *contra o devedor* e, (...) suspende, *quanto ao devedor*, as ações em curso com idêntica finalidade, extinguindo-se aquelas logo que seja aprovado e homologado plano de recuperação, salvo quando este preveja a sua continuação.").[217]

Corrobora tal entendimento o disposto no DL n.º 26/2015, de 6 de fevereiro[218] que altera o SIREVE, o CIRE e o CSC. Este diploma veio alterar o conteúdo do art. 11º, n.º 2, do SIREVE, cuja alteração substancial se prende com a extensão da suspensão das ações executivas para pagamento de quantia certa ou outras ações destinadas a exigir o cumprimento das obrigações aos *"respetivos garantes relativamente às operações garantidas"*.[219]

A alteração preconizada no art. 11º, n.º 2, do SIREVE, não se refletiu no art. 17º-E, n.º 1, do CIRE, que se manteve inalterado. Tal indica que o legislador pretendeu conferir diferentes âmbitos às normas, reforçando que, no PER, o regime do art. 17º-E, n.º 1, se aplica apenas à relação material com o devedor, não se estendendo às relações com os condevedores e com os terceiros garantes.

Neste sentido, BERTHA PARENTE ESTEVES refere que podem "prosseguir as ações que já se encon-

---

[217] Itálicos nossos.
[218] Promove um enquadramento mais favorável à reestruturação e revitalização de empresas, ao financiamento de longo prazo da atividade produtiva e à emissão de instrumentos híbridos de capitalização.
[219] Itálicos nossos.

trem pendentes contra os codevedores e/ou terceiros garantes."[220/221]

Isto, porque, apenas o devedor se encontra numa situação económica que justifica a estipulação de especiais condições de pagamento, sendo tais condições *intuitu personae*. Se assim não fosse, no caso das garantias, frustrar-se-ia o seu escopo, pois a sua constituição tem como função cobrir riscos deste género.

Ademais, só esta solução será coincidente com o espírito do PER tendo em conta que a aplicação do regime imposto no art. 17º-E, n.º 1, aos condevedores e terceiros garantes consubstanciaria uma restrição injustificada dos direitos dos credores pois tais

---

[220] *Da aplicação*..., p. 276. A AUTORA, refere ainda que podem ser instauradas "livremente contra os mesmos ações para cobrança de dívidas que entender pertinentes e ajustadas à defesa dos respetivos direitos, nomeadamente ao ressarcimento dos prejuízos que para si derivam da conduta inadimplente do devedor."

[221] Neste sentido, ISABEL MENÉRES CAMPOS, *A posição*...; RUI DIAS DA SILVA, *O Processo*..., p. 32; NUNO SALAZAR CASANOVA/ DAVID SEQUEIRA DINIS, *O Processo*... p. 104. Os AUTORES declaram que "prevalece uma preocupação de adequação\proporcionalidade – isto é, só faz sentido suspender a ação contra o devedor porque só no caso deste poderá o PER ser prejudicado pelo prosseguimento dos autos – e de minimização do prejuízo sofrido pelo autor da ação – que assim pode prosseguir a ação contra as demais contrapartes." Na jurisprudência, o Ac. do TRG de 17-12-2013 refere que "a suspensão das ações para cobrança de dívidas prevista no artº 17º-E, n.º 1 do CIRE não se estende aos terceiros que, através de aval, sejam garantes da dívida que se pretende cobrar." O TRL também já se pronunciou no mesmo sentido no Ac. de 19-09-2013.

sujeitos não preenchem as condições que legitimam o recurso ao PER para gozarem de tais benefícios.[222]

Concludentemente, a proibição de instauração de «*ações para cobrança de dívidas*», a suspensão de tais ações e a sua eventual extinção prendem-se exclusivamente com o devedor, mantendo-se incólumes os direitos dos credores sobre os condevedores e terceiros garantes.

---

[222] Neste sentido, o Ac. do TRC de 03-06-2014: "A suspensão das ações para cobrança de dívidas durante o decurso das negociações em processo especial de revitalização – determinada pelo art. 17º-E, n.º 1, do CIRE – apenas se reporta à pessoa que figura nesse processo como devedora, não abrangendo as ações que se encontrem pendentes contra os seus condevedores e terceiros garantes das suas obrigações e, designadamente, contra os seus avalistas."

Capítulo V
Conclusões

O Processo Especial de Revitalização vem corporizar a aproximação ao modelo norte-americano *debtor-friendly* com o consequente afastamento do modelo tradicional germânico *creditor-friendly*. Assim, este processo ao invés da liquidação do património do devedor com a satisfação dos direitos dos credores tem como propósito a revitalização do devedor, impondo aos credores, em virtude disto, um período durante o qual estão impedidos de instaurar *ações para cobrança de dívidas* contra o devedor, suspendendo-se as ações em curso com idêntica finalidade que serão, posteriormente, extintas logo que seja aprovado e homologado plano de recuperação, salvo quando este preveja a sua continuação.

O *standstill* é uma fase fulcral no Processo Especial de Revitalização que se for utilizada indevidamente poderá lograr efeitos abusivos sobre os credores, o que levará a que estes percam o interesse no processo, determinando a ineficácia do PER, já que a aprovação do plano de recuperação está inteiramente dependente da vontade destes.

A eventual utilização abusiva do PER é potenciada pela falta de controlo dos requisitos objetivos do devedor, já que as formalidades a que os art.^{os}17º--A e 17º-C fazem referência não são suficientes para comprovar a situação económica do devedor. Assim, o início do processo tem, na prática, como único requisito a manifestação da vontade do devedor e de um único credor, independentemente do montante ou da natureza do crédito. Tal permite que recorram ao PER devedores que não se encontrem nas situações necessárias, com o propósito de usufruir, indevidamente, dos efeitos do período de *standstill*. Para acautelar tais consequências a comprovação da situação económica do devedor deveria estar dependente da certificação de uma entidade independente, como ocorre em ordenamentos jurídicos com regimes similares ao PER (*v.g.* alemão, italiano) e como estava previsto na versão do Anteprojeto do diploma que alterou o CIRE.

O desenho legal do regime apesar de aparentemente simples está, na prática, enlaçado em diversas problemáticas que têm merecido cada vez mais destaque na doutrina e na jurisprudência. Uma das questões decorrentes da imprecisão legal é a delimitação da expressão *ações para cobrança de dívidas*. A delimitação destas ações é fundamental para que

CAPÍTULO V - CONCLUSÕES

termine a insegurança dos credores e a discórdia nos nossos tribunais. De facto, existe jurisprudência que erradamente, a nosso ver, abarca toda a espécie de atos judiciais e extrajudiciais como a execução dos contratos no âmbito do art. 17º-E, n.º 1, fazendo com que o PER se torne desproporcionadamente penoso para os credores.

Entendemos que a expressão *"ações para cobrança de dívidas"* utilizada pelo legislador português se refere a ações judiciais que se destinam à realização coerciva de uma dívida, refletindo a natureza de todas as modalidades das ações executivas. Em consonância, serão considerados *"ações para cobrança de dívidas"* as providências cautelares antecipatórias de uma ação que pela sua natureza se encontraria abrangida pelos efeitos do artigo 17º-E, n.º 1.

Deste modo, as ações declarativas não são ações para cobrança de dívidas pois apenas visam a declaração do direito, sendo um estádio prévio à cobrança. Aplica-se o mesmo raciocínio às injunções, às convenções de mediação e de arbitragem e à generalidade das providências cautelares.

O PER visa o normal desenvolvimento da atividade do devedor, mantendo este a administração e a gestão da sua atividade, devendo, por essa razão, considerar-se que o pagamento de serviços, a execução de contratos, a compensação de créditos e a execução extrajudicial de garantias não consubstanciam ações para cobrança de dívidas. Aliás, as diligências extrajudiciais estão formalmente excluídas do âmbito de aplicação da norma pois o artigo 17º-E, n.º 1, alude a ações de natureza judicial.

Não obstante, podem existir casos em que apesar de uma ação não ser formalmente uma "*ação para cobrança de dívida*" nos contornos apresentados, materialmente tem efeitos devastadores, terminando com qualquer hipótese de revitalização do devedor. Neste âmbito, assume, relevância o princípio da boa--fé, reforçado, no PER, pelos Princípios Orientadores que concretizam os deveres de boa-fé e de cooperação a que os credores aderentes estão adstritos. Assim, estes credores deverão privar-se de atos que pela sua natureza sejam suscetíveis de inviabilizar a recuperação do devedor. Nestes casos, o tribunal e o administrador judicial provisório assumem um papel preponderante para a eficácia do processo, já que, a nosso ver, se admite que em "casos-limite" o tribunal possa sujeitar ao regime do art. 17º-E, n.º 1, tais ações em respeito pela *ratio* do preceito.

Neste âmbito, o melhor caminho seria a concretização legal do conceito como ocorre no ordenamento norte-americano para que os credores conhecessem, desde logo, as limitações impostas ao seu direito de ação.

Além da delimitação objetiva da norma, há que circunscrever temporalmente a sua vigência. Assim, ao contrário do que o elemento literal parece indicar, há que estender o período de *standstill* até à prolação da sentença homologatória, ou seja, até ao momento a partir do qual o plano de recuperação produz efeitos, pois caso contrário os credores poderiam instaurar ações para cobrança de dívidas contra o devedor, entre o fim das negociações e a prolação da sentença homologatória, inviabilizando a recuperação do devedor e inutilizando todos os esforços negociais.

Não obstante, a extinção das ações para cobrança de dívidas a que o artigo 17º-E, n.º 1, faz referência, deverá ocorrer apenas após o trânsito em julgado da sentença homologatória para salvaguardar os direitos dos credores e o princípio da economia processual, na medida em que nos casos em que a sentença homologatória fosse revogada os credores teriam de interpor nova ação, percorrendo novamente todo o calvário judicial.

Por último, a delimitação subjetiva da norma indica-nos que os condevedores e os terceiros garantes não gozam do período de *standstill*. A sua responsabilidade não é afetada pela pendência de um PER porque a *ratio* do PER passa pela recuperação do devedor a quem, pelas dificuldades económicas que apresenta, é conferido um regime mais favorável à sua revitalização.

Consideramos, assim, que o regime legal pode potenciar abusos prejudiciais para os credores e, por conseguinte, para o tecido económico português, sendo o propósito do PER desvirtuado.

BIBLIOGRAFIA

ALEXANDRE, Isabel – Efeitos Processuais da Abertura do Processo de Revitalização, in *II Congresso de Direito da Insolvência*, coordenação de Catarina Serra, Almedina, Coimbra, 2014, pp. 235-254.

ALMEIDA, Carlos Ferreira de – Convenção de Arbitragem: Conteúdo e Efeitos, in *I Congresso do Centro de Arbitragem da Câmara de Comércio e Indústria Portuguesa*, Almedina, Coimbra, 2008, p. 81-95.

ALVES, Hugo – *Do Mandato de Crédito*, Almedina, Coimbra, 2007.

AMARAL, Jorge Augusto Pais de – *Direito Processual Civil*, Almedina, Coimbra, 2010.

ANTUNES, José A. Engrácia – *Os Títulos de Crédito: uma Introdução*, Coimbra Editora, Coimbra, 2009.

ASCENSÃO, José Oliveira – *Direito Comercial*, vol. III, Títulos de Crédito, AAFDL, 1962, pp. 165 a 175.

– Insolvência: Efeitos Sobre os Negócios em Curso, in *Direito e justiça*, Lisboa, vol. 19, tomo 2, 2005, p.233-261.

BARROCAS, Manuel Pereira – *Manual de Arbitragem*, 2ª Ed., Almedina, Coimbra, 2013.

BELCHER, Alice – *Corporate Rescue: A Conceptual Approach to Insolvency Law*, London, Sweet & Maxwell, 1997.

CAMPOS, Isabel Menéres – A Posição dos Garantes no Âmbito de um Processo Especial de Revitalização, in *Cadernos do Direito Privado*, n.º 46, Abril/Julho 2014, pp. 61 e seguintes.

CANOTILHO, J.J. Gomes – *Direito Constitucional e Teoria da Constituição*, 7ª Ed., (5ª Reimpressão), Almedina, Coimbra, 2008.

CANOTILHO, J. J. Gomes/ MOREIRA, Vital – *Constituição da República Portuguesa Anotada*, 4.ª Ed., Revista, vol I, Coimbra Editora, Coimbra, 2007.

CALVETE, Jorge – O Papel do Adminsitrador Judicial Provisório no Processo Especial de Revitalização, in *I Colóquio da Insolvência de Santo Tirso*, coordenação de Catarina Serra, Almedina, Coimbra, 2014, pp. 59-68.

CARVALHO, José Henrique Delgado de – *Ação Executiva para Pagamento de Quantia Certa (De acordo com a Lei n.º 41/2013, de 26 de junho, e Lei da Organização do Sistema Judiciário)*, Quid Juris, Lisboa, 2014.

CASANOVA, Nuno Salazar/ DINIS, Sequeira David – *O Processo Especial de Revitalização – Comentários aos Artigos 17º-A a 17º-I do Código da Insolvência e da Recuperação de Empresas*, Coimbra Editora, Coimbra, 2014.

CONDE FUENTES, Jesús – El Real Decreto-Ley 4/2014, de 7 de marzo: Refinanciación y Reestructuración de Deuda Empresarial, [Em linha], in *Revista de Derecho Civil*, vol. I, n.º 2 (abril-junio, 2014), Ensayos, pp. 171-182 [Consultado a 13-03-2015]. Disponível em: < http://www.nreg.es/ojs/index.php/RDC/article/download/61/44.>

CORDEIRO, António Menezes – *Manual de Direito Bancário*. 3ª Ed. Almedina, Coimbra, 2006.

– Introdução ao Direito da Insolvência, in *O Direito*, Diretor Inocêncio Galvão Telles, Ano 137.º, 2005, III, pp. 465 e ss.

– Perspetivas Evolutivas do Direito da Insolvência, in *Revista de Direito das Sociedades*, ano IV, n.º3, Almedina, Coimbra, 2012.

– O Princípio da Boa-fé e o Dever de Renegociação em Contextos de "Situação Económica Difícil", in *II Congresso de Direito da Insolvência*, coordenação Catarina Serra, Almedina, Coimbra, 2014, pp. 11-68.

– *Da Compensação no Direito Civil e no Direito Bancário*, Almedina, Coimbra, 2014, (Reimpressão 2003).

– *Tratado de Direito Civil*, vol. VI, 2ª Ed., Almedina, Coimbra, 2012.

– Depósito Bancário e Compensação, in *Estudos em Homenagem ao Professor Doutor Inocêncio Galvão Telles*, vol. II, Almedina, Coimbra, 2002.

CORDEIRO, António Menezes/ LEITÃO, Luís Menezes/ GOMES, Manuel Januário da Costa – *Estudos em homenagem ao Professor Doutor Inocêncio Galvão Telles, II – Direito Bancário*, Almedina, Coimbra, 2003.

CORREIA, Ferrer – *Lições de Direito Comercial. Letra de Câmbio*, vol. III, Universidade de Coimbra, Coimbra,1975.

CORTEZ, Francisco – A Garantia Bancária Autónoma – Alguns Problemas, in *Revista da Ordem dos Advogados*, ano 52, julho de 1992.

COSTA, Mário Júlio de Almeida – *Direito das Obrigações*, 10ª Ed. Almedina, Coimbra, 2006.

COSTA, Salvador da – *O Concurso de Credores – Sobre as Várias Espécies de Concurso de Credores e de Garantias Creditícias*, Almedina, Coimbra, 2009.

COSTEIRA, Maria José – Classificação, Verificação e Graduação de Créditos no Código da Insolvência e da Recuperação de Empresas, in *I Congresso de Direito da Insolvência*, coordenação Catarina Serra, Almedina, Coimbra, pp.241-254.

CUNHA, Paulo Olavo – Os Deveres dos Gestores e dos Sócios no Contexto da Revitalização das Sociedades, in *II Congresso de Direito da Insolvência*, coordenação de Catarina Serra, Almedina, Coimbra, 2014, pp. 207-234.

DOMINGUES, Paulo de Tarso – O Processo Especial de Revitalização Aplicado às Sociedades Comerciais, in *I Colóquio de Direito da Insolvência de Santo Tirso*, coordenação de Catarina Serra, Almedina, Coimbra, 2014, pp.13-34.

DUARTE, Rui Pinto – Reflexões de Política Legislativa sobre a Recuperção de Empresas, in *II Congresso de Direito da Insolvência*, coordenação Catarina Serra, Almedina, Coimbra, 2014, pp. 347-360.

EPIFÂNIO, Maria do Rosário – *Manual de Direito da Insolvência*, 5ª Ed. Almedina, Coimbra, 2013.

– *Manual de Direito da Insolvência*, 4ªEd. Almedina, Coimbra, 2012.

– O Processo Especial de Revitalização, in *II Congresso Direito das Sociedades em Revista*, Almedina, Coimbra, 2012, pp. 257-264.

– *O PER*, Almedina, Coimbra, 2015.

Esteves, Bertha Parente – Da Aplicação das Normas Relativas ao Plano de Insolvência ao Plano de Recuperação Conducente à Revitalização, in *II Congresso de Direito da Insolvência*, coordenação de Catarina Serra, Almedina, Coimbra, 2014, pp.267--280.

Fernandes, Catarina Nunes – *Efeito devolutivo do Recurso no Processo Civil*, [Em linha], Sobre a Execução da Decisão de Primeira Instância, Verbo Jurídico, 2010, [Consultado a 8 de janeiro de 2015]. Disponível em <http://www.verbojuridico.com/doutrina/2010/catarinafernandes_efeitorecurso.pdf>

Fernandes, Luís A. Carvalho/ Labareda, João – *Código da Insolvência e da Recuperação de Empresas Anotado*, 2ª Ed, Quid Juris, Lisboa, 2013.

– *Colectânea de Estudos sobre a Insolvência*, Quid Juris, Lisboa, 2009.

Fernández Torres, Isabel – Prevención de la Insolvência y 'fresh Money': Modelos Comparados y Propuestas de Reforma, in *Revista de Derecho Concursal y Paraconcursal: Anales de Doctrina, Praxis, Jurisprudencia y Legislación*, n.º 15, 2011, pp.209-222.

Ferreira, Fernando Amâncio, *Curso de Processo de Execução*, 13ª Edição, Almedina, Coimbra, 2010.

Finch, Vanessa – *Coroporate Insolvency Law. Perspectives and Principles*, 2ª ed., Cambridge, 2009.

Freitas, José Lebre de – *A Ação Executiva: à Luz do Código de Processo Civil de 2013*, Coimbra Editora, Coimbra, 6ª Ed., 2014.

– Algumas Implicações da Natureza da Convenção de Arbitragem, in *Estudos em Homenagem à Professora Doutora Isabel de Magalhães Collaço*, vol.II, Almedina, Coimbra, 2002, p. 625-641.

– *A Ação Declarativa Comum: à Luz do Código de Processo Civil de 2013*, 3ª Ed., Coimbra Editora, Coimbra, 2013.

– *Introdução ao Processo Civil: Conceito e Princípios Gerais à Luz do Novo Código*, 3ª Ed., Coimbra Editora, Coimbra, 2013.

Furtado, Jorge Henrique da Cruz Pinto – *Títulos de Crédito: Letra, Livrança, Cheque*. Almedina, Coimbra, 2005.

Geraldes, António Santos Abrantes – *Temas da Reforma de Processo Civil*, vol. II, 4ª Ed, Almedina, 2004.

Gomes, Manuel Januário da Costa – A Chamada "Fiança ao Primeiro Pedido", in *Estudos em Homenagem ao Professor Doutor Ino-*

cêncio Galvão Telles, Vol. IV – Novos Estudos de Direito Privado, Almedina, Coimbra, 2003, pp. 833 e seguintes.
– *Estudo de Direito das Garantias*, Vol. I., Almedina, Coimbra, 2004.
– *Assunção Fidejussória de Dívida. Sobre o Sentido e o Âmbito da Vinculação como Fiador*, Almedina, Coimbra, 2000.
GONÇALVES, Marco Carvalho – *Providências Cautelares*, Almedina, Coimbra, 2015.
GOUVEIA, Mariana França – *Curso de Resolução Alternativa de Litígios*, 3ª Ed., Almedina, Coimbra, 2014.
JARDIM, Mónica – *A garantia autónoma*, Almedina, Coimbra, 2002.
LABAREDA, João – Contrato de Garantia Financeira e Insolvência das Partes Contratantes, in *Direito e Justiça*, número especial de estudos dedicados ao Prof. Carvalho Fernandes, vol. II, 2011, pp. 101 e seguintes.
LEITÃO, Adelaide Menezes – Insolvência de Pessoas singulares: A Exoneração do Passivo Restante e o Plano de Pagamentos. As Alterações da Lei n.º 16/2012, de 20 de abril, in *Estudos de Homenagem ao Professor Doutor José Lebre de Freitas*, vol. II, Coimbra Editora, Coimbra, 2013.
LEITÃO, Luís Manuel Teles de Menezes – *Direito da Insolvência*, 5ª Ed. Almedina, Coimbra, 2013.
– A Responsabilidade pela Abertura Indevida do Processo Especial de Revitalização, in *II Congresso de Direito da insolvência*, coordenação de Catarina Serra, Almedina, Coimbra, 2014, pp. 143-152.
– *Garantias das Obrigações*, 4ª Ed., Almedina, Coimbra, 2012.
– *Direito das Obrigações*, vol. I, 12ª Ed., 2015, Almedina, Coimbra, 2015.
LOUSA, Nuno Ferreira – O Incumprimento do Plano de Recuperação e os Direitos dos Credores, in *I Colóquio de Direito da Insolvência*, coordenação de Catarina Serra, Almedina, Coimbra, 2014, pp. 119-140.
MALAQUIAS, Pedro Ferreira; LEAL, Miguel Rodrigues – A Reforma do Código de Insolvência e Recuperação de Empresas e o Processo Especial de Revitalização, in *Actualidad jurídica Uría Menéndez*, Madrid, n.º33, 2012, pp. 105-111.
MARQUES, J. P. Remédio – *Ação Declarativa à Luz do Código Revisto*, 2ª Ed., Coimbra Editora, Coimbra, 2009.

MARTINS, Alexandre de Soveral – O P.E.R. (Processo Especial de Revitalização), in *AB INSTANTIA – Revista do Instituto do Conhecimento*, Abreu Advogados, n.º1, Almedina, Coimbra, 2013.

MARTINS, Alexandre de Soveral – *Títulos de Crédito e Valores Mobiliários*, Parte I – Títulos de Crédito, Vol. I, Almedina, Coimbra, 2008.

MARTINS, Luís M – *Recuperação de Pessoas Singulares*, vol. I, 2ª Ed., Almedina, Coimbra, 2012.

– *Processo de Insolvência. Anotado e Comentado*, 3ª Ed., Almedina, Coimbra, 2013.

– *O Processo Especial de Revitalização Aplica-se a Pessoas Singulares?* [Em linha], 2012, [Consultado a 20 de novembro de 2014]. Disponível em: <http://www.insolvencia.pt/artigos/6857-o-processo--especial-de-revitalizacao-aplica-se-a-pessoas-singulares.html>

– *O Processo de Revitalização e a Finalidade do Processo de Insolvência.* [Em linha], 2012, [Consultado a 2 de dezembro de 2014]. Disponível em: <www.insolvencia.pt/artigos/6879-o-processo--de-revitalizaçao-e-a-finalidade-do-processo-de-insolvencia.html>

– *Processo Especial de Revitalização de Empresas (PER)*, [Em linha], 2012, [Consultado a 2 de janeiro de 2015]. Disponível em: <http://www.insolvencia.pt/artigos/6657-processo-especial--de-revitalizacao-de- empresas-per.html>

– *O Processo Especial de Revitalização em Dois Minutos.* [Em linha], 2012, [Consultado a 17 de dezembro de 2014]. Disponível em: <http://www.luismmartins.pt/blog/item/215-o-processo-especial-de-revitalização-em-dois-minutos.html>

MARTINEZ, Pedro Romano/ PONTE, Pedro Fuzeta da – *Garantias de Cumprimento*, 5ª Ed., Almedina, Coimbra, 2006.

MARTINEZ, Pedro Romano – Garantias Bancárias, in *Estudos de Homenagem ao Professor Doutor Inocêncio de Galvão Telles*, Almedina, Coimbra, 2002, pp.265-285.

– *Direito das Obrigações*: Programa 2010/2011, Apontamentos, 3ª Ed., AAFDL, Lisboa, 2011.

MCCORMACK, Gerard – *Corporate Rescue Law – An Anglo—American Perspective*, [Em linha] Edwuard Elgar Publishing Limited, 2008. [Consultado a 30 de novembro de 2014]. Disponível em: <http://

books.google.pt/books/about/Corporate_Rescue_Law_an_Anglo_American_P.html?id=OZj7hrBpZS8C&redir_esc=y>

MENDES, Evaristo – Aval e Fiança Gerais, in *Direito e Justiça XIV/1*, 2000, p. 149.

NEVES, Vítor Pereira das – *Cessão de Créditos em Garantia*, Lisboa: Faculdade de Direito da Universidade Nova de Lisboa, 2006, Tese de doutoramento.

OLIVEIRA, Artur Dionísio – Os Efeitos Processuais do PER e os Créditos Litigiosos, in III Congresso de Direito da Insolvência, coordenação de Catarina Serra, Almedina, Coimbra, 2014.

OLIVEIRA, Madalena Perestrelo de – O Processo Especial de Revitalização: o novo CIRE, in *Revista de Direito das Sociedades*, ano IV, n.º 3, Almedina, Coimbra, 2012.

– *Limites da Autonomia dos Credores na Recuperação da Empresa Insolvente*, Almedina, Coimbra, 2013.

OLIVEIRA, Nuno Manuel Pinto – Responsabilidade pela Perda de uma Chance de Revitalização?, in *II Congresso de Direito da Insolvência*, coordenação Catarina Serra, Almedina, Coimbra, 2014, pp. 153-188.

– Entre Código da Insolvência e "Princípios Orientadores": um Dever de (Re)negociação?, in *Revista da Ordem dos Advogados*, ano 72, 2012, pp. 677-689.

OLIVENCIA RUIZ, Manuel – Los Motivos de la Reforma de la Ley Concursal, [Em linha], *RDCP: Anales de Doctrina, Praxis, Jurisprudencia y Legislación*, n.º 17/2012, pp. 23-30, [Consultado a 15 de fevereiro de 2015]. Disponível em: <hyyp://www.cuatrecasas.com/media_repository/docs/esp/los_motivos_de_la_reforma_de_la_ley_concursal__62.pdf>

PABLO UCEDA, Juan – La insolvência (Analisis Comparativo Español y Aleman), *in Anuario de Derecho Concursal*, 2011, 24, pp. 179 e ss.

PEREIRA, João Aveiro – A Revitalização Económica dos Devedores, in *O Direito*, ano 145, I/II, Almedina, Coimbra, 2013.

PRATA, Ana/ CARVALHO, Jorge Morais/ SIMÕES, Rui – *Código da Insolvência e da Recuperação de Empresas Anotado*, Almedina, Coimbra, 2013.

PRATA, Ana – *Dicionário Jurídico*, 3ª Ed., Almedina, Coimbra, 1992 (1998 – Reimpressão).

PULGAR EZQUERRA, Joana – Acuerdos de Financiación y Fresh Money", *Revista de Derecho Concursal y Paraconcursal*, n.º 15, 2011;
– *La Financiación de Empresas en Crisis, Documentos de Trabajo del Departamento de Derecho Mercantil*, Facultad de Derecho, Universidade Complutense, [Em linha], Madrid, 2012. [Consultado a 5 de fevereiro de 2015]. Disponível em: <http://eprints.ucm.es/14638/1/La_financiaci%C3%B3n_de_empresas_en_crisis.pdf>

REBELO, Amélia Sofia – A Aprovação e a Homologação do Plano de Recuperação, in *I Colóquio de Direito da Insolvência de Santo Tirso*, Almedina, Coimbra, 2014, pp. 59-90.

REGO, Margarida Lima – *Garantias Bancárias e Seguros de Crédito e Caução*, in *Direito Bancário*, [Em linha], CEJ, 2015, [Consultado a 18 de março de 2015]. Disponível em: <http://www.cej.mj.pt/cej/recursos/ebooks/civil/Direito_Bancario.pdf>

RIBEIRO, António Sequeira – Garantia Bancária Autónoma à Primeira Solicitação: Algumas Questões, in *Estudos de Homenagem ao Professor Inocêncio de Galvão Telles*, Almedina, Coimbra, pp.289-425.

SERRA, Catarina – *O Regime Português da Insolvência*, 5ª Ed., Almedina, Coimbra, 2012.

– *O Processo Especial de Revitalização na Jurisprudência*, Almedina, Coimbra, 2016.

– *O Novo Regime Português da Insolvência – Uma Introdução*, 4ª Ed., Almedina, Coimbra, 2010.

– Grupos de Sociedades: Crise e Revitalização, in *I Colóquio de Direito da Insolvência de Santo Tirso*, Almedina, Coimbra, 2014, pp. 35-58.

– Emendas (à Lei da Insolvência Portuguesa), in *Direito das Sociedades em Revista*, ano 4, vol. 7, Almedina, Coimbra, 2012, pp- 97-132.

– *Processo Especial de Revitalização* – Contributos para uma "Retificação", in *Revista da Ordem dos Advogados*, vol. II/III, Lisboa, Abril/Setembro 2012, pp 715-741.

– *Falências derivadas e âmbito subjetivo da falência*, Coimbra Editora, Coimbra, 1999.

– Revitalização – A Designação e o Misterioso Objeto Designado. O Processo Homónimo (PER) e as suas Ligações com a Insolvência (situação e processo) e com o SIREVE, in *I Congresso de*

Direito da Insolvência, coordenação de Catarina Serra, Almedina, Coimbra, 2013, pp 85-106.
— A Contratualização da Insolvência: Hybrid Procedures e Pre-packs (A Insolvência entre a Lei e a Autonomia Privada), in *II Congresso Direito das Sociedades em Revista*, Almedina, Coimbra, 2012, pp 265-290.
— Entre o Princípio e os Princípios da Recuperação de Empresas (um work in progress), in *II Congresso de Direito da Insolvência*, coordenação de Catarina Serra, Almedina, Coimbra, 2014, pp.69-100.
— *A Falência no Quadro da Tutela Juridicional dos Direitos de Crédito*, Coimbra Editora, Coimbra, 2009.
— Nótula sobre o art. 217.º, n.º 4, do CIRE (o direito de o credor agir contra o avalista no contexto de plano de insolvência), in *Estudos dedicados ao Professor Doutor Luís Alberto Carvalho Fernandes*, vol. I, Universidade Católica, 2011, pp. 377 e ss.

SILVA, João Calvão da – Sanção Pecuniária Compulsória. Artigo 829°-A do Código Civil, in *Boletim do Ministério da Justiça* (BMJ),1987, n° 359, pp. 39 a 126, e em separata.
— Mandato de Crédito e Carta de Confronto, in *Estudos em Homenagem ao Professor Doutor Inocêncio Galvão Telles*, vol. II, Almedina, Coimbra, 2002.

SILVA, Fátima Reis – *Processo Especial de Revitalização – Notas Práticas e Jurisprudência Recente*, Porto Editora, Porto, 2013.
— A Verificação de Créditos no Processo de Revitalização, in *II Congresso de Direito da Insolvência*, coordenação de Catarina Serra, Almedina, Coimbra, 2014, pp. 255-266.
— *Processo Especial de Revitalização*, em intervenção no Processo de Insolvência e Ações Conexas – Vertentes Cível, Penal, Trabalho e Empresa, [Em linha]. 2014. [consultado a 15 de janeiro de 2015]. Disponível em: <http://www.cej.mj.pt/cej/recursos/ebooks/civil/Processo_insolvencia_acoes_conexas.pdf>

SILVA, Rui Dias da – *O Processo Especial de Revitalização* – Código da Insolvência e da Recuperção de Empresas, Edições Esgotadas, 2012.

SILVA, Ana Sofia, – Da Oponibilidade da Compensação Legal em Caso de Insolvência das Instituições de Crédito, in *Cadernos*

O Direito n.º8 – Temas de Direito Bancário I, Almedina, Coimbra, 2014, pp.59-219.

SOARES, Rita Mota – As Consequências da Não Aprovação do Plano de Recuperação, in *I Colóquio de Direito da Insolvência de Santo Tirso*, coordenação de Catarina Serra, Almedina, Coimbra, 2014, pp. 91-118.

SUBTIL, A. Raposo/ ESTEVES, Matos/ ESTEVES, Maria José/MARTINS, Luís M. – *Guia Prático da Recuperação e Revitalização de Empresas*, Vida Económica, Porto, 2012.

VALLES, EDGAR – *Cobrança Judicial de Dívida, Injunções e Respetivas Execuções*, 4ª Ed. (reimpressão), Almedina, Coimbra, 2012.

VARELA, João de Matos Antunes – *Das Obrigações em Geral*, vol.II, 7ª Ed., Almedina, Coimbra, 2013 (7ª reimpressão de 1997).

– Seguro de Crédito, in *Revista da Banca*, n.º14, 1990, pp. 49-89.

VARELA, João de Matos Antunes; BEZERRA, J. Miguel; NORA, Sampaio e – *Manual de Processo Civil*, 2ª Ed., revista e atualizada, Coimbra Editora, Coimbra, 1985.

VASCONCELOS, Pedro Pais de – Responsabilidade Civil do Administrador de Insolvência, in *II Congresso de Direito de Insolvência*, coordenação de Catarina Serra, Almedina, Coimbra, 2014, pp.189-206.

– *Direito Comercial. Títulos de Crédito*, AAFDL, Lisboa, 1988/1989.

– *Teoria Geral do Direito Civil*, 5ª Ed., Almedina, Coimbra, 2008.

VASCONCELOS, Luís Miguel D. P. Pestana – *Direito das Garantias*, Almedina, Coimbra, 2010.

VIEIRA, Nuno da Costa Silva – *Insolvência e Processo de Revitalização*, Quid Juris, Lisboa, 2012.

Documentos Eletrónicos:

Câmara dos Solicitadores – *Os procedimentos especiais do DL n.º 269/98, de 1 de Setembro -A Injunção*. [Em linha], Lisboa, 2013, [Consultado a 10 de janeiro de 2015]. Disponível em: <http://solicitador.net/uploads/cms_page_media/809/Injuncao.pdf>

Confederação Empresarial de Portugal – *Parecer sobre a Proposta de Lei 39/XII que procede à sexta alteração ao Código da Insolvência e da Recuperação de Empresas, aprovado pelo Decreto-Lei n.º 53/2004, de 18 de Março, simplificando formalidades e procedimentos e instituindo o processo especial de revitalização*. [Em linha], 2012,[Consultado a 9 de dezembro de 2014]. Disponível em: <http://www.parlamento.pt/ActividadeParlamentar/Paginas/DetalheIniciativa.aspx?BID=36647>

Governo de Portugal – *Memorando de entendimento sobre as condicionantes de política economia* [Em linha], 2011, [Consultado a 17 de novembro de 2014]. Disponível em: <http://www.portugal.gov.pt/media/371372/mou_pt_20110517.pdf>

Insol International – *Statement of Principles for a Global Approach to Multi- Creditor Workouts*, [Em linha], 2000, [Consultado a 15 de novembro de 2014]. Disponível em: <http://www.insol.org/pdf/Lenders.pdf>

Presidência do Conselho de Ministros – *Exposição de motivos da proposta de lei n.º 39/XII, de 30 de dezembro de 2011*, [Em linha], [Consultado a 18 de novembro de 2014]. Disponível em: <http://www.dgpj.mj.pt/sections/noticias/codigo-da-insolvencia-e/downloadFile/file/PPL_39_XII_6Alteracao_CIRE.pdf?nocache=1325757114.63>

Resolução de Conselho de Ministros n.º43/2011- *Princípios Orientadores da Recuperação Extrajudicial de Devedores*, [Em linha], 2011, [Consultado a 20 de novembro de 2014]. Disponível em: <http://www.dgpj.mj.pt/sections/noticias/principiosorientadores/downloadFile/attachedFile_f0/Principios_orientadores_da_recuperacao_extrajudicial_de_devedores.pdf?nocache=1317395122.07>

Jurisprudência

Supremo Tribunal de Justiça

- Acórdão de 11 de dezembro de 2012, Proc. 5903/09.4TVLSB. L1.L1.S1, Relator: Gabriel Catarino (publicado em www.dgsi.pt).
- Acórdão de 27 de março de 2007, Revista n.º 07A1159, Relator: Silva Salazar (publicado em www.dgsi.pt).
- Acórdão de 26 de fevereiro de 2013, Proc. n.º 597/11.0TBSSB-A.L1.S1, Relator: Azevedo Ramos (publicado em www.dgsi.pt).

Tribunal da Relação de Coimbra

- Acórdão de 3 de março de 2015, Proc. 1075/13.8TBVIS.C1, Relator: Manuel Capelo (publicado em www.dgsi.pt).
- Acórdão de 27 de fevereiro de 2014, Proc. 1112/13.6TTCBR.C1, Relator: Ramalho Pinto (publicado em www.dgsi.pt).
- Acórdão de 1 de abril de 2014, Proc. 3330/13.8TBLRA-A.C1, Relator: Henrique Antunes (publicado em www.dgsi.pt).
- Acórdão de 3 de junho de 2014, Proc. 18/12.0TJCBR-A.C1, Relator: Jorge Arcanjo (publicado em www.dgsi.pt).
- Acórdão de 9 de setembro de 2014, Proc. 1556/12.0TBTMR.C1, Relator: Sílvia Pires (publicado em www.dgsi.pt).
- Acórdão de 21 de outubro de 2014, Proc. 2081/13.8TBPBL-A.C1, Relator: Sílvia Pires (publicado em www.dgsi.pt).
- Acórdão de 26 de fevereiro de 2013, Proc. 1175/12.1T2AVR.C1, Relator: Arlindo Oliveira (publicado em www.dgsi.pt).
- Acórdão de 10 de julho de 2013, Proc. 754/13.4TBLRA.C1, Relator: Carlos Moreira (publicado em www.dgsi.pt).
- Acórdão de 29 de outubro de 2013, Proc. 5697/12.6TBLRA.C1, Relator: Carvalho Martins (publicado em www.dgsi.pt)
- Acórdão de 26 de novembro de 1996, Relator: Santos Lourenço, CJ, ano XXI, 1996, tomo V, pp. 27-29.

Tribunal da Relação de Évora

- Acórdão de 16 de janeiro de 2014, Proc. 358/13.1TTPTM.E1, Relator: José Feiteira (publicado em www.dgsi.pt).
- Acórdão de 13 de março de 2014, Proc. 1327/13.7TBSTR.E1, Relator: Francisco Xavier (publicado em www.dgsi.pt).
- Acórdão de 19 de dezembro de 2013, Proc. 336/13.0TTSTR.E1, Relator: José Feteira (publicado em www.dgsi.pt).

Tribunal da Relação de Guimarães

- Acórdão de 2 de maio de 2013, Proc. 3695/12.9TBBRG-C.G1, Relator: Antero Veiga (publicado em www.dgsi.pt).
- Acórdão de 20 de fevereiro de 2014, Proc. 8/14.9TBGMR.G1, Relator: Moisés Silva (publicado em www.dgsi.pt).
- Acórdão de 14 de fevereiro de 2013, Proc. 2812/12.3TBGMR-A.G1, Relator: Manso Raínho (publicado em www.dgsi.pt).
- Acórdão de 16 de maio de 2013, Proc. 284/13.4TBEPS-A.G1, Relator: Conceição Bucho (publicado de www.dgsi.pt).
- Acórdão de 1 de outubro de 2013, Proc. 1447/12.5TBEPS-A.G1, Relator: Fernando Fernandes Freitas (publicado em www.dgsi.pt).
- Acórdão de 5 de dezembro de 2013, Proc. 2088/12, Relator: Helena Melo (publicado em www.dgsi.pt).
- Acórdão de 10 de dezembro de 2013, Proc. 1083/13.9TBBRG.G1, Relator: António Beça Pereira (publicado em www.dgsi.pt).
- Acórdão de 17 de dezembro de 2013, Proc. 1582/13.2TBVCT-A.G1, Relator: Edgar Gouveia Valente (publicado de www.dgsi.pt).
- Acórdão de 24 de maio de 2012, Proc. 1248/10.5TBBCL-A.G2, Relator: José Manuel Araújo de Barros (publicado em www.dgsi.pt).

Tribunal da Relação de Lisboa

- Acórdão de 9 de dezembro de 2014, Proc. 62/14.3TYLSB-A.L1, Relator: Cristina Coelho (publicado em www.dgsi.pt).

- Acórdão de 5 de junho de 2014, Proc. 171805/12.0YIPRT.L1-2, Relator: Ondina Carmo Alves (publicado em www.dgsi.pt).
- Acórdão de 2 de junho de 2014, Proc. 758/13.7TBMTS-A.P1, Relator: Augusto de Carvalho (publicado em www.dgsi.pt).
- Acórdão de 13 de março de 2014, Proc. 1904/12.3TYLSB.L1-2, Relator: Jorge Leal (publicado em www.dgsi.pt).
- Acórdão de 20 de fevereiro de 2014, Proc. 1258/13.0TJLSB.L1-2, Relator: Jorge Leal (publicado em www.dgsi.pt).
- Acórdão de 21 de novembro de 2013, Proc. 1290/13.4TBCLD.L1-2, Relator: Olindo Geraldes (publicado em www.dgsi.pt).
- Acórdão de 31 de outubro de 2013, Proc. 761/13.7TVLSB.L1-2, Relator: Teresa Albuquerque (publicado em www.dgsi.pt).
- Acórdão de 19 de setembro de 2013, Proc. 877/13.0TVLSB.L1-8, Relator: Ilídio Sacarrão Martins (publicado em www.dgsi.pt).
- Acórdão de 11 de julho de 2013, Proc. 1190/12.5TTLSB.L1-4, Relator: Leopoldo Soares (publicado em www.dgsi.pt).
- Acórdão de 9 de maio de 2013, Proc. 2134/12.0TBCLD-B.L1-2, Relator: Ondina Carmo Alves (publicado em www.dgsi.pt).
- Acórdão de 8 de novembro de 2007, Proc. 8754/2007-8, Relator: Salazar Casanova (publicado em www.dgsi.pt).

Tribunal da Relação do Porto

- Acórdão de 12 de novembro de 2013, Proc. 1782/12.2TJPRT.P1, Relator: João Diogo Rodrigues (publicado em www.dgsi.pt).
- Acórdão de 23 de fevereiro de 2015, Proc. 3700/13.1TBGDM.P1, Relator: José Eusébio Almeida (publicado em www.dgsi.pt).
- Acórdão de 5 de janeiro de 2015, Proc. 236/14.7YHLSB.L1-1, Relator: Manuel Marques (publicado em www.dgsi.pt).
- Acórdão de 5 de janeiro de 2015, Proc. 22/13.1TTMTS.P1, Relator: Maria José Costa Pinto (publicado em www.dgsi.pt).
- Acórdão de 17 de novembro de 2014, Proc. 295/14.2TTPNF.P1, Relator: Paula Leal de Carvalho (publicado em www.dgsi.pt).
- Acórdão de 7 de outubro de 2014, Proc. 3803/13.2TBGDM-A.P1, Relator: José Igreja (publicado em www.dgsi.pt).

– Acórdão de 16 de setembro de 2014, Proc. 1527/13.0TBVNG-A.P1, Relator: M. Pinto dos Santos (publicado em ww.dgsi.pt).
– Acórdão de 9 de julho de 2014, Proc. 834/14.9TBMTS-B.P1, Relator: Rui Moreira, (publicado em www.dgsi.pt).
– Acórdão de 9 de julho de 2014, Proc. 1213/12.8TBVFR-B.P1, Relator: José Amaral, (publicado em www.dgsi.pt).
– Acórdão de 7 de abril de 2014, Proc. 344/13.1TTMAI.P1, Relator: João Nunes, (publicado em www.dgsi.pt).
– Acórdão de 18 de dezembro de 2013, Proc. 7613/12.6YYPRT.P1, Relator: José Eusébio Almeida (publicado em www.dgsi.pt).
– Acórdão de 18 de dezembro de 2013, Proc. 407/12.0TTBRG.P1, Relator: João Nunes (publicado em www.dgsi.pt).
– Acórdão de 19 de novembro de 2013, Proc. 579/13.7TBSTS.P1, Relator: José Igreja Matos (publicado em www.dgsi.pt).
– Acórdão de 30 de setembro de 2013, Proc. 516/12.6TTBRG.P1, Relator: António José Ramos (publicado em www.dgsi.pt).
– Acórdão de 13 de maio de 2013, Proc. 4257/12.6TBVFR-B.P1, Relator: Caimoto Jácome (publicado em www.dgsi.pt).
– Acórdão de 15 de novembro de 2012, Proc. 1457/12.2TJPRT-A.P1, Relator: José Amaral (publicado em www.dgsi.pt).

ÍNDICE

Agradecimentos 7
Modo de citar e outras convenções 9
Lista de Abreviaturas, siglas e acrónimos 11
Resumo 13
Abstract 15
Introdução 17
    Sequência de exposição 18

Capítulo I
O Processo Especial de Revitalização 21
    1. Contexto histórico 21
    2. Caraterísticas e finalidade 25
    3. Tramitação 27
        3.1. Legitimidade no recurso ao PER 27
            3.1.1. Pressupostos objetivos 27
            3.1.2. Pressupostos subjetivos 29
        3.2. Início do processo 30
        3.3. Reclamação de Créditos e Período
            de negociação 34
        3.4. Aprovação e homologação do plano 36

PROCESSO ESPECIAL DE REVITALIZAÇÃO

3.5. Efeitos	38
3.5.1. Efeitos substantivos	38
3.5.2. Efeitos processuais	40
4. Direito Subsidiário	41

Capítulo II
O Efeito de StandStill – âmbito objetivo	45
1. Alcance da expressão "ação para cobrança de dívidas"	48
1.1. Ações executivas	50
1.2. Ações declarativas	56
1.2.1. A Fase de reclamação de créditos salvaguarda o direito de acesso ao direito e à tutela jurisdicional efetiva?	63
1.2.2. Prescrição	72
1.2.3. Sanção pecuniária compulsória	74
1.3. Procedimento de injunção	75
1.4. Providências Cautelares	79
1.4.1. Providências cautelares conservatórias	84
1.4.2. Providências cautelares antecipatórias	86
1.5. Diligências extrajudiciais	88
1.5.1. Execução Extrajudicial de garantias	94
1.5.2. Compensação	98

Capítulo III
A delimitação temporal do *standstill*	103
1.1. A Homologação como condição de eficácia do plano	104
1.2. Os efeitos dos recursos interpostos contra a sentença de homologação	107

Capítulo IV
O alcance subjetivo do efeito de *standstill*	113

Capítulo V
Conclusões 117

Bibliografia 123
    Documentos Eletrónicos: 133
    Jurisprudência 134
        Supremo Tribunal de Justiça 134
        Tribunal da Relação de Coimbra 134
        Tribunal da Relação de Évora 135
        Tribunal da Relação de Guimarães 135
        Tribunal da Relação de Lisboa 135
        Tribunal da Relação do Porto 136